# 惊艳了时光

## 汉代文物里的故事

意林

金陵小岱 著

惊艳了时光

汉代文物里的故事

山东人民出版社

国家一级出版社 全国百佳图书出版单位

**图书在版编目（CIP）数据**

惊艳了时光 : 汉代文物里的故事 / 金陵小岱著. ——济南 : 山东人民出版
社, 2022.3

ISBN 978-7-209-13553-5

Ⅰ.①惊… Ⅱ.①金… Ⅲ.①文物—中国—汉代—青少年读物②中国历
史—汉代—青少年读物 Ⅳ.①K871.41-49②K234.09

中国版本图书馆CIP数据核字(2022)第003034号

**惊艳了时光·汉代文物里的故事**

JINGYAN LE SHIGUANG · HANDAI WENWU LI DE GUSHI

金陵小岱　著

| | |
|---|---|
| 主管单位 | 山东出版传媒股份有限公司 |
| 出版发行 | 山东人民出版社 |
| 出 版 人 | 胡长青 |
| 社　　址 | 济南市市中区舜耕路517号 |
| 邮　　编 | 250003 |
| 电　　话 | 总编室（0531）82098914 |
| | 市场部（0531）82098027 |
| 网　　址 | http://www.sd-book.com.cn |
| 印　　装 | 天津中印联印务有限公司 |
| 经　　销 | 新华书店 |
| 规　　格 | 16开（166mm×230mm） |
| 印　　张 | 14 |
| 字　　数 | 145千字 |
| 版　　次 | 2022年3月第1版 |
| 印　　次 | 2022年3月第1次 |
| ISBN | 978-7-209-13553-5 |
| 定　　价 | 46.80元 |

如有印装质量问题，请与出版社总编室联系调换。

薄如蝉翼的素纱单衣、暗藏"高科技"的长信宫灯、解开"秘色"之谜的青釉盘碗、记录苏轼落寞时光的《寒食帖》、"藏着宇宙星空"的神秘茶盏……

历经沧桑的文物，是从历史中走来的"精灵"，它们不仅默默见证了社会发展，还承载着悲欢离合、酸甜苦辣的百味人生。它们不应该只被收藏于博物馆中，更应该融入鲜活的世界和美好的时代，走进我们的生活，成为给予我们人生启迪的"最佳拍档"。正如习近平总书记所强调的，要"让文物说话、把历史智慧告诉人们，激发我们的民族自豪感和自信心"。

"让文物说话"，简单而又生动的一句话，给了文物极好的定位和舞台。在这样的背景下，"文物里的故事"丛书应运而生。本丛书主要选取有代表性的中国汉、唐、宋三朝的经典文物，将它们置于具体的历史情境中，以故事的形式讲述它们的由来、历史影响、文化底蕴等。

文物是有"生命"的，它们不仅会"说话"，而且有"温度"。书里通过文物讲述的故事中，既有踌躇满志的激情，也有壮志未酬的悲叹，既有让人由衷赞叹的高洁，也有令人哭笑不得的荒诞……当大历史与小文物融合在一起，历史上存在过的人、史料中记载过的事，通过一件件文物的轮廓、纹理、色彩变得具体、生动起来。有些文物虽是域外不同时期的作品，但讲述的是中国故事、传承的是中国文化，同样值得我们认识和了解。

"让文物说话"，也是让我们与文物"对话"，找到属于中国人的智慧和信念。所以，在通过文物讲故事的同时，本丛书还介绍了文物所承载的丰富内涵，比如鲜为人知的科学原理、超越时代的环保意识、与众不同的东方审美等，全方位、立体化地展现了中国古代的智慧和创造精神，让大家在读懂故事、了解文物的同时深受启迪。

本丛书集知识性、文化性、趣味性于一体，除了具有内容丰富、知识权威、话题感强、阅读轻松的特点，还配有大量精美插图，以及可以涂色、连线、做选择的互动小专题，帮助大家读得下去、动得了脑、上得了手，真正让原本"沉默不语"的文物变成"能说会道"、生动鲜活的可爱"精灵"。

# 目录

## 第一章　科技的力量

1

## 第四章　再现了一段历史

陕西靖边渠树壕汉墓星象图（牛宿、女宿）

# 第一章

## 科技的力量

# 齐郡太守虎符：
# 西汉时期的密码学

古代帝王在传达命令或者调动军队时，为避免出错，通常需要借助一种信物，这种信物被称为"兵符"。因为古人以虎为百兽之王，为了鼓舞士气，兵符被刻制成了老虎的模样，因此，兵符又被称为"虎符"。比较有趣的是，"虎符"倒过来念就是"伏虎"，恰好就是虎符的形状。虎符是中国历史上调兵遣将的凭证，盛行于战国、秦、汉。

虎符大多是用青铜所铸，也有用金、玉和竹做材料制成的。虎符纵剖为二，由帝王和将帅分别保管。以右为尊，右半由帝王保存，左半则交给统兵的将帅。据《汉书·孝文本纪》载："铜虎符，第一至第五，国家当发兵，遣使者至郡合符，符合，乃听受之。"在一位将军准备征战沙场之前，他必会收到帝王的诏书以及另一半虎符。只有当左右两半

上图：堂阳侯虎符

左图：堂阳侯虎符背部铭文

右图：堂阳侯虎符肋部铭文

广阳虎符匣盖题铭

虎符先"合符"，并严丝合缝后，才能称为"符合"，将军便可以带着士兵浩浩荡荡地出征。我们现在表示切合、相符、匹配时，所用的"符合"一词，就来源于此。而在这里，我们要向大家重点介绍的便是西汉时期的齐郡太守虎符。

### 难得一见的完整虎符

齐郡太守虎符成合出土，保存完好。它长 5.8 厘米，宽 2.2 厘米，高 2.4 厘米，是一只呈伏卧状的迷你小老虎，只有巴掌大，与我们现在拆的盲盒娃娃差不多。它的耳朵圆圆的，鼻梁有点宽，嘴巴微微张开，怒目圆睁，短短的尾巴蜷缩在身后，形象十分生动。

它的身上有三处错银篆书铭文，分布在背脊以及左右两肋上。其中，背脊上写着"与齐郡太守为虎符"八个大字；左肋写着"齐郡左二"四个字，右肋写着"右二"两个字，左右肋上的文字均较浅。铭文内容很简单，就是为了调动齐郡兵力所用。齐郡

（今山东淄博境内）是西汉时设立的，所以这对虎符被命名为"西汉齐郡太守虎符"。

因为虎符承担着调兵遣将的重任，所以朝廷对它的保管极为严格。当将军带着士兵凯旋时，将军需要把左半虎符严格保管，把右半虎符及时上交给皇帝，这正是虎符一分为二的时候。也就是说，只有出兵打仗的时候虎符才是完整的一对，平常都是分开保管的。完整的一对虎符十分罕见，所以，这件西汉齐郡太守虎符就显得十分珍贵。它是为数不多、出土时还很完整的一对虎符，左右两半皆在，且共为一合。

据考古专家推测，出现这种情况有三种可能：第一种是它被新的虎符替代了，这件虎符作废之后没有被及时销毁；第二种是齐郡太守的军权被剥夺了，那么他的虎符也就被收回了；第三种是这件虎符从来就没

上图：汉鎏金鲁王虎符
下图：秦阳陵虎符

有被使用过，那么它只能默默地钻进历史的沙土里，直到被后人发现。

　　仔细看这件虎符，锈迹斑斑，古朴浑厚，却不失威仪。曾经被深埋于地下，经历了岁月的侵蚀，沾满泥土的全身反而给人一种更加神秘的历史感。它不怒自威的表情，憨态可掬的外形，以及被岁月磨损的痕迹，都在向后人诉说着它曾经的高贵。

## 现代密码学的鼻祖

　　小小的虎符看上去平平无奇，实际上它身上的每一处细节都暗藏玄机。虎符可以调动军队，相当于皇帝的身份证，使用时必须经过监军的严格核验、层层甄别。因此，鉴别虎符真伪，是当时监军这一职务的最大职能。

虎符左右两半为统一书写，只有合在一起才能看明白具体内容，并且大多数人是见不到虎符的，这种私密性也杜绝了伪造的可能性。虎符的剖面设计水准非常高，比我们现在用的钥匙复杂多了，两半虎符的纹路设计也很烦琐，不是原装虎符根本合不到一起。一般来说，虎符上的文字多为小篆体，这种字体要在小小的虎符脊背上铸造是非常难的。在铸造过程中，虎符上文字的深浅度也会有所不同，这也是鉴别虎符真假的关键。

据密码学专家分析，虎符上的文字还承担着另外一种使命——传递消息。看似寻常的文字，其实暗藏着密码，尤其是在战火频发的年代，一点儿风吹草动都会影响到一个国家的命脉。于是古人把虎符制作得

错金铭文铜虎节

精益求精，将虎符上的密码都集中在文字上，只有左右两半"合符"后，才能通过看字形、字体以及内容，推测出其中暗藏的军事机密。

虎符所体现的信息安全智慧，在2000多年后的今天依然有着巨大的影响力，比如人民币上的防伪底纹、正版DVD光盘上的序列号，以及现代网络安全技术中的密码登录等。这些都借鉴了虎符的奥秘，通过制造随机信息将防伪标识及早应用起来。

齐郡太守虎符工艺精湛，铭文清晰。它或许参与过沙场的腥风血雨，也或许搅动过历史的风云。它完整出土以后，又给后人带来了无比重要的信息。它本身虽小，却威力无限，承载了中华千年的历史与智慧，也是现代密码学的鼻祖。

汉代武士、楼阁、虎、野猪的画像砖拓片。不仅是虎符和浮雕，画像砖上也有虎的形象

## 信陵君窃符救赵

关于虎符的故事有很多，其中为人津津乐道的是"信陵君窃符救赵"。它出自《史记·魏公子列传》，表现了信陵君救人之困的义勇精神。

公元前 260 年，赵孝成王在和秦王的长平之战中，不慎中了秦国的反间计，导致赵国惨败，40 多万士兵惨遭秦国坑杀。公元前 257 年，秦国的军队又包围了赵国的都城邯郸（今河北邯郸），赵国的形势变得万分危急。焦急的赵孝成王便派人向魏国求援，持观望态度的魏安王表面答应，暗地却密令带着 30 万军队的晋鄙将军停留在汤阴（今属河南安阳），不北进，更不愿与秦军硬碰硬。

信陵君的姐姐是赵国平原君的夫人。赵国有难，姐姐一家也逃不过灭顶之灾。为此，信陵君去见了魏王。魏王害怕引火烧身，坚决不"抗秦"。万般无奈之下，信陵君决定带上自己的上千门客，直接去邯郸抗秦。

假如就这样去抗秦，信陵君以及他的门客们必定没有好下场，好在他还有侯嬴。侯嬴很有智谋，他让信陵君去找魏王的宠妾如姬。如姬在后宫非常受宠，她有桩心事，就是一心想着为父报仇，却始终找不到杀害她父亲的凶手。信陵君听了侯嬴的建议，以帮如姬报仇为条件，让如姬偷出了魏王的虎符。拿到魏王的虎符，信陵君就去调动晋鄙的 30 万大军，不过这一切进展得并不顺利。

信陵君手中的虎符没问题，但晋鄙对此充满怀疑，坚决不肯交出兵权。此时，信陵君身边的大力士朱亥看不下去了，直接举起铁锤，击杀了晋鄙。信陵君这才掌控了这支军队，解除了赵国的危机。而这个故事，也成为战国历史上精彩的一笔。

　　我们最熟悉的兵符就是虎符，其实兵符的形式并不是单一不变的，它还有很多其他形式，比如鱼符、牛符、龟符等。夏商周时期，兵符叫牙璋。战国时期才有了我们所熟知的虎符。老虎威严的气质让它迅速在全国推广开来，成为权力的象征。秦汉时期以虎符为主，到了唐代，兵符的种类开始丰富起来，出现了兔符、龟符、鱼符等。相比于秦汉时期流行的虎符，唐代的兵符更加呆萌可爱，看上去根本不像能调动千军万马的信物。这种兵符一直沿用到南宋时期，南宋的皇帝可能实在看不下去了，兵符再这么发展下去就完全失去了皇家的威严。为了重振君威，虎符被重新启用。没想到吧？这么重要的兵符竟然还经历了那

么多呆萌的时刻。在下面两幅图里，有一幅并不是兵符，

你能辨别出来吗？

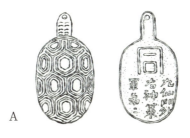

A

B

# 二十八宿圆盘与圭表：
## 汉代人也是"追星族"

　　在夏侯府里，有一个神秘的物件：它由两个漆木圆盘构成，下盘直径大于上盘直径，上下两盘正中各有一同心圆孔，能用一根小棍将两个圆盘穿起来。别看这两个漆木圆盘只有一个摊开的煎饼大小，但在它们身上可是藏着无尽的宇宙奥秘。在经历了秦末汉初的战乱后，西汉经济迅速发展，人们对浩瀚无垠的宇宙产生了无限的遐想与向往。彼时在夏侯府里观测天象的侯爷，他并不是那个几度出生入死的夏侯婴，而是承袭了他爵位的夏侯灶。这位侯爷在史料文献中并没有太多的记载，但他死后，给世人留下了一个秘密。或许，他生前常常独自站在露台上仰望星空，时而陷入沉思，时而眉头紧皱，而陪伴着他的便是这两个漆木圆盘。

汉代二十八宿圆盘

## 二十八宿圆盘的秘密被破解

这个看上去无比神秘的物件，曾经令众多考古专家困惑，人们对它的功能有着多种猜测。只见上盘面刻着六颗圆点，与盘心孔正好连成北斗七星的图像。边缘处密排一周小圆孔，总数为 365 个，对应着古代的周天度数。下盘刻有二十八星宿名及其距度，这个度数与后来唐代《开元占经》中所记录的二十八宿距度的"古度"接近，但各宿分布并不均匀，显然二十八宿的距度是按照实际的距度来分布的。当时这两个漆木圆盘出土后，考古界众说纷纭：有些专家认为这是用来占星的，也有些专家认为这是天文观测仪。说它用来占星，是因为它与太乙九宫占盘、六壬栻盘一起出土；认为它用来观测天象，是从仪表的星宿名上推测出来的。

汉武帝时期，人们一直使用浑天仪来观测天象，但在汉武帝之前，人们使用什么观测仪器，一直以来都没有任何史料文献记载。如果这件二十八宿圆盘是用来观测天象的，那么它的出土正好填补了这个时期的空白。怎么去证实它的功能呢？考古专家对此也很头痛，这时大家想起了与它同时出土的另一件文物，或许答案就在这件文物的身上。

它是一个方形漆器，制作精美，长27.5厘米，宽16.5厘米，高3.9厘米。盒的中间有一层横隔板，还有一对日字形框架。架上有两片方形漆板覆盖，漆板两端有钩、环，两侧有铰链。

通过反复推测论证以及对大量史料文献的研究，考古专家发现这个漆盒其实是二十八宿圆盘的支架。二十八宿圆盘和支架组合起来，就是一架完整的天文观测仪器。它应该就是汉初文献所记载的"圆仪"，是我国浑天仪的直接始祖。

二十八星宿被复刻在圆盘上，体现了人类对太空的好奇和向往，缩短了人类与太空的距离。这看似随意的划分，实则经过了精密的测算。二十八宿圆盘能测量天体的赤道经度，记录日、月以及五大行星的位置变化。在没有任何现代科技手段助力的情况下，古人将聪明才智发挥到了极致，他们日复一日、年复一年，通过最原始的观测手段，不断地观察、反思，总结经验教训，积累大量数据，改进观测工具，探索宇宙运行的规律。

## 二十四节气的传承

考古专家在夏侯灶的墓中还发现了另外一件文物。它是一件木质彩绘漆器，其造型十分精美，看上去就像一个"月光宝盒"。只不过这个"月光宝盒"可以打开，并且能将立耳竖起来。这个"月光宝盒"出土时已严重腐烂，只有留存下来的漆皮较为完整。它制作精美，主体完全对称，并以木铰链连接，是两个可以折叠的部分。这两部分的中部均被镂空，镂空部分又被分为两个层次。上层为长方形，中间有一个可以折叠的长方形立耳，中部各有一个小圆孔。下层的造型非常奇特，一半正好可以容纳两个刀形木块的组合，另一半则刚好填入一个猪龙头状木块。两个猪龙头木块的背面分别标有"一""二"两个数字。另外，背面还各有一个特殊图案，一个中央圆点外面围绕着四个"⊥"形符号，只是在两件猪龙头上所处位置不同。

| 战国时期曾侯乙墓出土的漆箱星宿图

| 渠树壕汉墓星象图

这件木质彩绘漆器其实有一个学名，叫"圭表"，有测量节气的重要功能，可以帮助古人指示春分、夏至、秋分、冬至四个节气。在这四个节气的基础上，聪明又勤劳的古人根据长期的生活实践经验，创造出了中国传统历法二十四节气。二十四节气是将一年分成 24 段，分布在 12 个月中，用来反映四季、气温、物候等。这样一来，农民在耕种农作物的时候，就有了可靠的依据。春种、夏长、秋收、冬藏，顺应节气，适时耕作，百姓的生活有了保障，国家得以稳定发展。古人的智慧结晶至今仍在沿用，并且将一直传承下去。

古代人为什么对圭表有如此强的好奇心？那是因为中国自古以来就是以农业为主，而农业发展依赖的正是天气。我们从小就听到一些农用谚语，如"清明前后，种瓜点豆"，又如"棉花种在谷雨前，开得利索苗儿全"……这些谚语都说明了天气对农作物的影响之大。在历史上，有多少王朝都是因为绝产绝收而导致内乱，甚至引发战争。自古以来，吃饭是一件天大的事！所以圭表对古人的重要性不言而喻！

其实，圭表还有一个重要作用，就是代表了守时诚信。春秋战国时期，诸侯和卿大夫为了巩固内部团结、打击敌对势力，经常举行盟誓活动，而盟誓活动所签订的契约被称为盟书。这个盟书跟合同一样，要一式两份，一份藏在官府，而另一份藏的地方就很诡异了，不是地下，就是河里，以取信"鬼神"。著名的侯马盟书就是在这样的背景下产生的。侯马盟书是用毛笔写在玉片上的，但引人注意的是，这些玉片绝大多数都呈现"圭"形。因为玉圭承载着"至信如时"的诚信观念，当时

渠树壕汉墓星象图局部细节图
（北斗、郎位和天牢图）

渠树壕汉墓星象图局部细节图
（狼星、弧星与仙人图）

的诸侯和卿大夫或许就是想借用它来提高盟誓活动的可信度。

　　这看上去不是那么显眼的二十八宿圆盘和圭表，没想到却有如此重要的历史价值。二十八宿圆盘是中国目前发现最早的天体测量仪器实物，填补了中国古代天文仪器史上的空白。同时，它也是一个赤道观测系统，这种系统直到今天仍然对我们有着重要的影响。当年夏侯灶的家人将这两件器物放入了夏侯灶的墓室中，或许是希望它们能继续陪着夏侯灶。

## 十二生肖的转换可不是从春节开始算的

我们都知道种植农作物对时间节点的要求特别高，短短几天的区别，就有可能决定农作物丰收与否，这可关系到一家人的温饱！

为了对时间节点的判断更准确，古人早就学会了校对闰月。毕竟一年的天数也不是整数，有了偏差就得校正，而这种单纯依靠太阳的测量方式相对固定，依靠节气进行农业活动就不会出现过早或过晚的问题。这可是古代先民经过实践摸索出来的方法，并且他们对此深信不疑。

《礼记·乐记》记载，"天则不言而信"。渐渐地，相信节气的古人还把节气历法运用到了十二生肖的轮转中。要知道，十二生肖可是我们国家独具特色的传统文化，然而大多数现代人都以为生肖的转换是从农历新年，也就是大年初一开始的。说到此处，估计古人要偷笑了："你们现代人有点想当然啦！真相才不是这样。"古人的逻辑思维可是非常缜密的，他们在种植农作物的时候，考虑到了闰月的问题，那么对十二生肖怎么可能不考虑？

古人讲究平衡和统一，假如按照农历新年的算法，就会导致有闰月的那年，属相人数变多，那么十二生肖就会存在概率上的不统一。所以，古人决定，属相更替从立春开始算，这样一来，每一年的长度都在365.2天左右，十二生肖的人数就会基本统一。有一点要注意哦，立春的日子可不一定，有时在春节前，有时在春节后，所以人们的属相并不能与出生年份相对应！

　　众所周知，浑天仪是古代观测天象的主要仪器，然而它最早的发明者并不是张衡，它是张衡在前人成果的基础上改进并铸造出来的，形状类似于现在的天球仪。浑天仪主体是几层可以运转的圆环，上面刻有南北极、黄道、赤道、二十四节气、二十八星宿、日月等。在浑天仪南北极的地方，立了一根可以旋转的轴。球体最外层的两个圆环，通过南北极的圆环叫子午圈，另一个是表示地平线的地平圈。球体上还设计了两个漏壶，壶底有孔，孔里滴下来的水推动圆环慢慢转动，并且使得球体转动一周的速度和地球自转一周的速度一样。只要通过浑天仪，人们就能知道太阳何时东升西落，知道星星何时升起、何时落下。在汉代，关于宇宙的学说主要有两个，一个是盖天说，另一个是什么，你知道吗？

浑天仪手绘图

# 长信宫灯：
## 世界上最早的节能环保灯

汉代长信宫灯，有着"中华第一灯"的美誉，可以说是满城汉墓灯具中的流量担当了

汉景帝二年（公元前 155 年），御史大夫晁错上疏《削藩策》，建议汉景帝削弱各诸侯王的势力，加强中央集权，巩固西汉政权。汉景帝认为晁错说得有道理，于是他次年冬天下诏，削夺了吴、楚等诸侯王的封地。这份诏书到达各诸侯王的府邸后，立刻引起了各诸侯王的不满。在一番筹划后，以吴王刘濞为首的七个诸侯王以"诛晁错、清君侧"为名，联兵反叛，但最后都被汉景帝武力镇压，叛军大败，这就是史上著名的"七国之乱"。在这场叛乱中，阳信侯刘揭之子刘中意的封国直接被废除，阳信侯府所有的宝物被查封，这些宝物也随着它们的主人一起被改变了命运。

## "中华第一灯"

彼时"七国之乱"已经平定，汉景帝的母亲窦太后正坐在长信宫中，这场叛乱让她有些惊魂未定。为了安抚母亲，汉景帝带着侍从过来请安，其中一名侍从的手中捧着一盏宫灯。这是阳信侯府的一盏宫灯，外形精致且不会散发出难闻的气味，于是汉景帝特来将其献给母亲。从那天起，这盏宫灯便留在了长信宫。灯上刻有"长信尚浴"等铭文，因此，它被赋予"长信宫灯"这个名字。

长信宫灯实际上并没有我们想象的那么大，它只有 48 厘米高，通体鎏金，由六部分组成，分别是头部、身躯、右臂、灯座、灯盘、灯罩。它的外形是一个双手持灯跪坐的宫女，坐姿挺拔，膝盖并拢，双手

| 西汉鎏金铜灯及拆分图

托着灯座目视前方。她穿着汉代最为流行的曲裾深衣，衣领和袖口处层次分明，就连衣服的纹路褶皱都十分清晰。她正襟危坐，臀部坐在脚跟上，裙子自然散落在地，看上去像一朵盛开的喇叭花，极其优美；而从工艺上看，散落的裙摆增强了长信宫灯底座的稳定性。这是一个典型的汉代宫女形象，神态自然、端庄恭顺，整体造型充分展现了汉代端庄、肃穆、内敛的礼仪风范。

她造型优美、表情丰富、结构科学，带着斑斑锈迹穿越了千年岁月，穿着华丽深衣链接了古今文明，令人们对历史产生无尽思考。长信宫灯充分体现了西汉初期高超的设计水平和成熟的青铜器制作技术，被誉为"中华第一灯"，凭借独特的设计之美享誉海内外。

## 穿越千年的环保理念

宫女左手托住灯座，右手提着灯罩。千万不要小看这名宫女，她优雅的外表下藏着一项令全世界叹服的"高科技"，体现了中国最早期的环保理念。

宫女的右臂与排烟管道直接相连，她的长袖就是一条通畅的排烟通道，造型十分独特。不仅如此，她宽大的袖口自然下垂，正好盖住灯罩，就像一只大手在用力向下抓，设计十分巧妙。灯罩是由两片弧形的铜板围成的，可以左右旋转以调整窗口大小，从而自由控制火焰照射的范围和亮度，同时起到防风排烟的作用。灯内的火焰在圆形的灯盘里燃

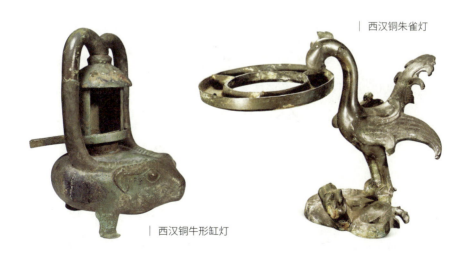

西汉铜朱雀灯

西汉铜牛形缸灯

烧，燃烧产生的烟雾通过右臂的烟道排进宫女空空的身体，这样可以降低室内环境污染。另外，她看似优美的造型其实只是一副"皮囊"，其身体内部是空的，这样既方便清洁又可以用来装水。

古代青铜灯大多以动物油脂为燃料，这种油脂易燃，带来光亮的同时也会造成污染，不利于人体健康。当灯盘上的油脂被点燃后，呛鼻的烟尘在热气流的推动下逐渐上升并进入袖管，再随着烟尘的冷却慢慢形成烟灰溶于体内的清水中，这样就不会污染室内环境，起到环保作用。

长信宫灯最为突出的设计就是蕴含超前的环保理念，同时运用了科学的原理，巧妙借用弧状导烟管加强空气对流，使油脂充分燃烧。现在看来很平常的设计放在 2000 多年前，是足以震惊世界的。

这也说明汉代的环保意识与工艺在世界上处于领先水平。在西方，一直到 15 世纪，达·芬奇才发明了油灯的铁皮导烟罩。到 18 世纪，在玻璃灯罩代替铁皮罩以后，西方才解决了油烟污染室内空气的问题。长信宫灯可能是全世界最早的节能环保灯，超前的环保意识、科学的设计理念，在 2000 多年前的世界环保史上留下了浓墨重彩的一笔，这是值得中国人民为之骄傲和自豪的。

## 历史的见证者与守望者

集精美与实用于一体的长信宫灯，是窦太后的珍爱之物，后被窦太后作为新婚贺礼赏赐给王后窦绾。据史料推测，窦绾很可能是窦太后的

汉代的铜灯。无论是上面的小人还是底下的坐骑，都十分生动形象

族人。作为这场政治联姻的促成者，窦太后自然会赏赐给她丰厚的新婚贺礼。或许这盏长信宫灯就是在那个时候赐给了窦绾。

窦绾在得到这盏长信宫灯后，自然是万分珍爱，长信宫灯陪伴着窦绾度过了她的余生岁月。在她去世后，长信宫灯随她一同下葬，从此它就在窦绾的墓室里度过了 2000 多年漫长的岁月。

当长信宫灯再次出现在世人面前时，已是 1968 年。在窦绾墓的一间墓室里，地上有一些散落的灯构件，考古人员小心翼翼地将这些散落的灯构件一一拼装好，发现它是一盏极为精美的汉代铜灯，后经证实这就是举世闻名的长信宫灯。

长信宫灯上清楚地刻着三个字：阳信家

山西朔县出土的西汉彩绘雁鱼铜灯

在拼装这些灯构件时，考古专家发现长信宫灯上除了"长信尚浴"的铭文以外，还有8处铭文，共65个字。其中，有6处刻有"阳信家"的字样，据此可以推断出它最初为阳信侯家中所有。而其余的铭文没有实质上的史料内容，不能作为考证弥补史料的空缺，但这些铭文记录了这盏长信宫灯两次易主的波折命运。

这两次易主几乎与史书上所记载的那场"七国之乱"的历史风云吻合，长信宫灯在一定程度上印证了西汉初年跌宕起伏的政治斗争。而长信宫灯上的宫女正是历史的见证者与守望者，她见证了长信宫灯在"诸吕之乱"后的诞生，见证了"七国之乱"，更是见证了汉代盛行的"亲上加亲"的累世婚姻。

# 神秘的奥运火种灯

北京冬奥会的火种灯创意就来自这盏"中华第一灯"——长信宫灯，它的影响延续至今，它寓意美好、工艺精湛、设计科学，为火种灯的设计提供了创意来源，让2000多年前的传统文化在现代生根发芽。

长信宫灯借"长信"之意表达了人们对未来美好生活的向往和追求，并化身火种灯将奥林匹克精神重新点燃。火种灯延续了长信宫灯的设计理念，科技和环保是不变的主题，造型设计优美时尚，设计理念环保科学。一束光让文明穿越千年，一盏灯让古今隔空对话，这就是文化传承的力量。

火种灯担负着重要的使命——将奥运火种从奥林匹克运动发祥地顺利护送到北京。这就要求设计者在设计过程中充分考虑到地点的转换、人员的衔接等各个细节，加上路途遥远、气候莫测，各种复杂的状况都要仔细确认。运输过程中，要确保火种在任何情况下都不能熄灭，这就需要高科技手段为其保驾护航。

据了解，火种灯采用了双层玻璃结构，这就保证了火种灯在低温、严寒、大风等自然环境下不会熄灭，同时能够让火焰充分燃烧又不至于污染空气。这种玻璃结构晶莹剔透、干净整洁，加上飞舞在顶部的红色丝带，红与白的相互映衬让火种灯更加富有时尚感和律动感，与火炬"飞扬"的形象完美契合。

火种灯的灯体使用了环保材料——再生铝合金，燃料则使用的是丙烷气体，燃烧后产生的是二氧化碳和水。火种灯的环保设计从"芯"开始，将环保技术发扬光大，通过奥运精神把环保理念传递下去。

　　汉代经济繁荣,文化发展迅速,灯具的造型也极具风格、种类繁多,常见的有人俑形、动物形、树形、多枝形、雁足形等。青铜灯虽然热度依旧不减,但是后来居上的陶制灯逐渐成为主流。在众多造型迥异的灯具中,动物形灯因其呆萌可爱、憨厚质朴的独特魅力而深受大众喜爱。彩绘雁鱼铜灯、绿釉熊顶陶灯、红绿釉陶灯、黄釉狮形灯座、错银铜牛灯等是比较有代表性的动物形灯,其设计鲜活生动,造型栩栩如生,为汉代的生活增添了浓厚的生活气息。千姿百态的动物造型寓意人们对美好生活的向往,对生活质量的追求。每一个新颖别致的动物都被赋予了和平、美好、富足、吉祥的美好寓意,意趣盎然,既具观赏价值,又有生活情趣!下面这两幅

图中有一幅是汉代著名的陶灯，你能猜出是哪一幅吗？

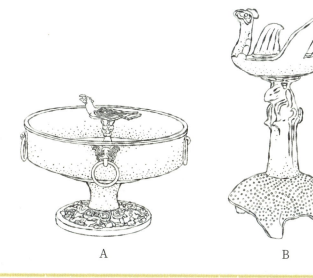

A

B

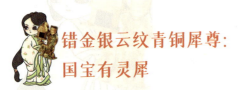

# 错金银云纹青铜犀尊：
# 国宝有灵犀

据说在3000多年前，犀牛的足迹遍及华夏大地。后来随着地球环境的变化，犀牛逐渐减少，人们见到犀牛的机会也越来越少。幸亏在2000多年前，汉代人在外邦进贡的各种奇珍异宝中，偶尔还能见到犀牛的真容。这种偶尔闯入汉代人视野的犀牛，被我们现代人称为"苏门答腊犀牛"。在犀牛家族里，它不仅个头小，胆子也小，从不敢去争取属于自己的地盘。或许它真的有特殊的魅力吧，汉代人见到它的真容后，难以忘怀，于是以它为原型，制作出一件错金银云纹青铜犀尊。它长58.1厘米，高34.1厘米，重13.3公斤，栩栩如生，活灵活现。

## 巧夺天工，"行走"的犀牛神器

"尊"是中国古代的一种青铜盛酒器，大多数为大侈口、圆腹，下有圈足。汉代工匠为了给酒宴增添雅兴，特意设计出了多种造型，但最受汉代人喜爱的是动物造型。因为动物造型的酒器看上去可爱别致，更重要的是，汉代工匠的精工雕琢赋予了它们生命力。

比如这件现藏于中国国家博物馆的错金银云纹青铜犀尊，逼真得仿佛犀牛在酒桌上行走。它体态雄健，肌肉发达，充满朝气与活力。此刻的它正昂头伫立，头顶的双角尖尖地竖直向上，双眼专注地望着前方。在出土的大多数酒器中，动物眼睛的设计往往是被工匠弱化的部分，但这头犀牛的眼睛不同。它的眼睛是用珠饰镶嵌而成，虽然不大，却炯炯有神。我们能从它的眼神里读出温和的力量。犀牛常年行走，所以它的四条小短腿粗壮结实，我们甚至能在这件错金银云纹青铜犀尊上看到它腿部的肌肉结块。正是这四条粗壮有力的短腿，支撑起犀牛健壮的身

西汉错金银云纹青铜犀尊

体。除健壮以外，它还有点胖，起码视觉上给人的感觉是肉嘟嘟的。虽然这件错金银云纹青铜犀尊是用青铜铸造而成的，但是在工艺上一改青铜器的粗犷。这头犀牛身体的每个部位、每块肌肉都被注入了鲜活的生命力。它的颧骨和肘部突起，颈部层层褶皱，这个具有动态感的设计，让我们仿佛看到了它行走时骨骼的形状。就算在它脂肪堆积较多的部位，比如口部和腹部，我们也能从外表感受到它是头结实有力的犀牛，并且皮肤富有弹性。

在这头犀牛的背部，我们还能看到一个外形像马鞍的东西，可不要简单地认为这只是个装饰品，它可是能够启闭的活盖。它浑身最肥硕的部位被赋予了作为酒器最重要的任务：存酒。犀牛的嘴巴自然是酒水的出口。不过，汉代工匠对这个倒酒的设计是有讲究的，它并不会一下子喷出很多酒来，也不会晃半天都没反应。这是因为犀牛的尾部隆起，尾巴弯成了一个挂钩。倒酒的时候，斟酒的人只需要扣住挂钩，然后借助杠杆原理，并且以犀牛的蹄子为支点，如此就能撬动整体，酒便缓缓地从嘴边的流管里倒出。

这件错金银云纹青铜犀尊不仅在外形与细节的设计上匠心独运，而且其制作工艺也非常考究，绝非一般青铜器物能比。

它通体布满华丽的错金银云纹，这些错金银云纹可谓犀牛身上的亮点。汉代工匠并没有为了呈现华丽而粗暴地将金银纹浇铸在犀牛的身上，相反，他们非常克制，用金银丝断断续续地在器物的表面錾槽，镶嵌金银，最后用厝石打磨，从而设计出奢华又有气韵的图案。如此一

西汉鎏金鸟兽纹青铜尊，通高 14.6 厘米，口径 19.7 厘米，底径 19.3 厘米

来，这些金丝银线就像犀牛的绒毛一样，刻进了犀牛的表皮，若隐若现，好像来自远古的阳光，洒落在犀牛的身上，闪耀着细微又柔和的光芒。

不止这些，这件错金银云纹青铜犀尊的每一个细节都被处理得惟妙惟肖，甚至犀牛每只蹄子上有三瓣蹄趾这样的细节都被展现出来。可见，汉代工匠目睹过犀牛真容，并且观察过它们活动时的体态。但汉代工匠真的是与犀牛"一见钟情"才以它为原型制作酒器的吗？

## 镇水神兽，古人的信仰寄托

在古代，人们常常用大型动物的皮制作盔甲。屈原曾在《楚辞·九歌·国殇》中写道："操吴戈兮被犀甲，车错毂兮短兵接。"可见，当时的人们就用犀牛的皮制成战士的盔甲。而动物形状的酒器，便是人们祭祀时所用的礼器。它除了是酒器，还代表着当时人们对神灵的敬畏与信仰。

不过，这当然不是全部原因。在古人心中，犀牛一直都是有灵性的神兽，尤其是犀牛的角，更是被赋予了灵性的传说。东晋葛洪曾在《抱朴子内篇》中称道："得真通天犀角三寸以上，刻以为鱼，而衔之以入水，水常为人开。"这葛洪可真能吹牛，他说只要能得到三寸以上的通天犀牛角，并且将这个犀牛角刻成鱼的形状，在遭遇洪灾的时候，只要把它含在口中，就不会被水淹没。这个脑洞似乎太大了！奈何古人偏偏相信这一套呀！更夸张的是唐代诗人李商隐，他的"身无彩凤双飞翼，心有灵犀一点通"两句诗闻名千古，这里的"灵犀"就是指犀牛角。将犀牛的角剖开，贯通犀牛角首尾的是白线一样的纹理。而这根白线就表示男女双方默契相通，可以对彼此的想法心领神会。这还不算什么，有的古人甚至认为犀牛角是珍贵的药材，有神奇的功效，无论得了什么病，吃了它，病就好了。不得不说，古人的想象力也太浮夸了！

西汉鎏金蟠龙纹铜壶，通高 59.5 厘米，腹径 37 厘米，口径 20.2 厘米

　　除了这些，犀牛的灵性还与中华文明有着千丝万缕的

云南晋宁石寨山出土的西汉七牛虎耳青铜贮贝器，通高43.5厘米，盖径16.8厘米，底径21.8厘米

关系，比如古人普遍相信犀牛是可以镇水的神兽。汉代扬雄曾在《蜀王本纪》中记载："江水为害。蜀守李冰作石犀五枚，二枚在府中，一在市（南）【桥】下，二在渊中，以厌水精，因曰犀牛里也。"除此之外，《华阳国志·蜀志》还有李冰"作石犀五头以厌水精"的记载。

话说在公元前256年至公元前251年，有个名叫李冰的人，担任蜀郡太守。李冰最擅长的是水利工程，他任职期间，屡建奇功。他经常征发民工在岷江流域兴修水利工程，最出名的就是他跟他的儿子一起主持修建了都江堰。在兴修水利工程的时候，李冰曾完成一项壮举，即在修建好水利工程后，特意制作了五尊犀牛的石像。其中，两尊犀牛石像放在府中，一尊犀牛石像放在桥下，还有两尊犀牛石像放在水中。因为在

汉代漆器羽觞，又称羽杯、耳杯，是中国古代的一种盛酒器具。器具外形椭圆、浅腹、平底，两侧有半月形双耳，有时也有饼形足或高足。因其形状像爵，两侧有耳，就像鸟的双翼，故名"羽觞"

古代，人们相信犀牛可以镇压水灾，而洪水泛滥，通常都是因为水中有一个名叫"水精"的妖怪在作祟。将犀牛石像放在水中，就可以把水精赶走，如此一来，老百姓才能过上安逸的生活。虽说治理水灾的肯定是李冰父子兴修的水利工程，但因为有了这五尊犀牛石像，古代的老百姓就更加相信犀牛可以镇水一说。这个传说一直流传下来，到汉代时，工匠们用犀牛这个造型制作酒器，也就很好理解了。毕竟犀牛是有灵性的神兽，以它作为酒器的造型，美酒也会被赋予灵性。而如此有灵性的镇水神兽，自然也会被古人崇拜。除犀牛状酒器外，许多少数民族还将犀牛视为部落图腾，用于各种祭祀和典礼之中。

根据考古专家考证，这件错金银云纹青铜犀尊是西汉时期的礼器，是庙堂、朝廷宫室的珍宝。它造型逼真，工艺精湛，尤其是金丝银线与同胎底色相映生辉，是中国古代工艺品中实用与美观相结合的经典之作。它不仅奢华尊贵，还洋溢着汉代的活力与风尚。

## 错金银云纹青铜犀尊的发现

错金银云纹青铜犀尊让我们领略了千年前的犀牛风采，而它被发现的过程也相当有趣。

1963 年的一天，陕西省兴平县豆马村的村民赵振秀到土崖上取土，正挖得起劲，猛然瞅见土里冒出个巨大的灰色陶瓮，赵振秀好奇地扒开看了一下，只见一个巨大的犀牛尊趴在瓮里，脚的四周埋满了土。掀开犀牛尊的盖子，里边还有好多青铜器。这个消息传到了省城西安。当时的陕西省文物管理委员会主任立马派遣考古人员前往豆马村。

经过一番勘察，这次一共出土了 17 件青铜器，除了这件错金银云纹青铜犀尊，还有铜环、铜镜、带钩等文物。考古人员在发现地扩大规模进行勘探，又发现了不少文物，除了铜器，还有铁器、漆器、陶器等一大批文物。

最初，赵振秀不愿意将犀牛铜器交出，好不容易挖到个宝贝，怎么舍得呢？考古人员耐心地给赵振秀解释，告诉他凡是出土的文物都是属于国家的，若私人持有是会触犯法律的。当时的村支书也赞同上交国家，于是在大家的劝说下，赵振秀同意将文物上交给国家。

考古人员根据这件犀牛铜器的纹饰和工艺，推断这些文物是战国晚期的遗物。其中一件铜盖弓帽与秦代咸阳遗址出土的铜盖一模一样，基本上可以断定是秦代遗物。但是文物上交后，郭沫若认为这是从茂陵附近出土的，应该属于汉武帝遗物。因此，这件犀牛铜器最终被命名为西汉错金银云纹青铜犀尊。

《史记·梁孝王世家》中记载了一个梁王争罍（léi）的故事。汉文帝的儿子梁孝王刘武是一个著名的收藏家，他平生最大的爱好就是收集文物，最喜欢的是一件罍樽。他对这件宝物简直爱不释手，直到临死前还反复叮嘱家人，千万不要把罍给别人，但他的孙子梁平王刘襄根本没当回事儿，竟然把罍从祖母手里拖过来送给老婆玩。后来，此事被汉武帝知道了，震怒之下把刘襄的老婆给杀了，还直接剥夺了刘襄的很多封地。那么这个罍到底是什么文物呢？其实它是一种盛酒的器具。下面两个酒器中，只有一个是罍，你认为是哪个呢？

A

B

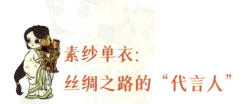

## 素纱单衣：
## 丝绸之路的"代言人"

　　有这样一则小故事，一个阿拉伯人不远万里来到中国经商，他发现一个中国商人的衣服里透出了胸前的黑痣。阿拉伯人感慨道："原来中国的丝绸竟然如此轻薄！"中国商人听到后，心想一定要让他见识一下什么是真正的中国丝绸，于是他把上衣一件一件撩开，原来看似薄如蝉翼的衣服竟然是五件！阿拉伯人顿时目瞪口呆，想不到看似薄薄的轻纱竟是五件衣服相叠！更为神奇的是，穿着五件衣服居然还能透出黑痣！若不是亲眼所见，真的是难以相信。从那以后，中国丝绸轻薄的特点传遍了世界各国，而当年那个中国商人所穿的衣服，正是素纱单衣。素纱单衣流行于秦汉时期，是秦汉时期上层人士日常所穿的单层罩衣。

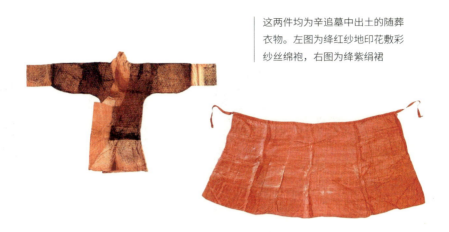

这两件均为辛追墓中出土的随葬衣物。左图为绛红纱地印花敷彩纱丝绵袍，右图为绛紫绢裙

## 白居易的夸张修辞竟是写实之作

这种单衣究竟有多美呢？唐代诗人白居易曾在一首诗中这样写道："应似天台山上明月前，四十五尺瀑布泉。中有文章又奇绝，地铺白烟花簇雪。"白居易描述的还只是一种名为"缭绫"的丝织品。初读这首诗，我们会认为白居易运用了夸张手法，丝绸怎么可能会像从天台山上流下来的四十五尺的瀑布清泉那么清逸明朗呢？一直到了 40 多年前，考古专家亲眼见到了真实的例证，发现白居易只是在写实，因为出土于湖南长沙马王堆一号汉墓的素纱单衣就是最好的证据。

当见到素纱单衣时，考古专家认为用"薄如蝉翼""轻若烟雾"来形容它都不为过，它真的是丝织品中的一个奇迹。这件素纱单衣是西

直裾素纱单衣。轻若云雾,薄如蝉翼,体现了汉代高水平的纺织技术

直裾素纱单衣局部图

│ 曲裾素纱单衣

汉时期的丝织品，直裾，衣长 132 厘米，通袖长 181.5 厘米，重仅 49 克，还没有一小包饼干重。它一出土，就成为世界上最轻薄的素纱单衣。若除去袖口和领口较重的边缘，它仅 25 克，只是半袋速溶咖啡粉的重量。折叠后可放入火柴盒中，透光率竟高达 75%。假如当年那个阿拉伯人在现场，估计要惊掉下巴。

除了非常轻盈外，这件素纱单衣的款式也很不错，为交领、右衽，类似于汉代流行的上下衣裳相连的深衣，袖口较宽。它只有在领口和袖口边缘有织锦作为装饰，其余部分是以素纱为面料，没有衬里，也没有颜色。

### 西汉纱织水平的代表作

素纱单衣，顾名思义，它的制作材料就是纱。纱是中国古代历史上

西汉玉质解衣锥，是汉代贵族用来解衣服扣子的工具

出现最早的一种丝绸。它看似简单，但在织造中需要采用繁复的工艺。它的原料是精缫的蚕丝，以单经单纬丝交织的方孔平纹而成，丝缕极细，其经密度一般为每厘米 58—64 根纱，纬密度为每厘米 40—50 根纱。素纱单衣每平方米纱料仅重 15.4 克，这是因为纱料的旦数小，丝的纤维度细。旦数，是丝织学上对织物蚕丝纤维度的一个专用计量单位，旦数越小，丝的纤维度越细。经过考古学家的测定，素纱单衣的蚕丝纤维度只有 10.2—11.3 旦，而现代生产出来的最高级的丝织物，纤维度至少得有 14 旦。这一对比，足可见西汉时期的丝织技术有多高超了。

素纱单衣不仅是西汉纱织水平的代表作，也是世界上出土文物中最早的印花织物。

如此轻盈精湛的素纱单衣，在入墓室之前，它曾穿在西汉初年长沙国丞相利苍的妻子辛追夫人（另一说为"避夫人"）的身上。据载，这样的素纱单衣在西汉时期有两种穿法：一种是作为罩衫穿在色彩艳丽的锦衣外面，这样既能增加服饰的层次感，又能衬托出锦衣的华美与尊贵。特别是在阳光下，光影交错，若有若无，别有一番风情。而另一种穿法，就是将素纱单衣作为睡衣，以凸显辛追夫人美好的身姿。

湖南长沙马王堆汉墓出土的帛画《"太一将行"图》，长45厘米，宽44厘米

## 素纱单衣仿制成功

说起素纱单衣的墓主人辛追夫人，考古专家在发现素纱单衣的同时，还发现了一个惊人又神奇的细节。你见过2000多年还没有腐烂的尸体吗？这件素纱单衣的主人辛追夫人的尸体在墓室中竟保存了2000多年。被发现时，她的形体仍然完整，全身润泽，皮肤细密而滑腻，尤其是她的肌肉还富有弹性，部分关节还可以活动，甚至连手指、脚趾上的纹路都清晰可见。辛追夫人的尸体几乎与新鲜的尸体相似，是世界上保存最好的湿尸。值得注意的是，辛追夫人的一生十分坎坷，权威显赫的丈夫利苍和带兵戍任将军的儿子先后死去。在男尊女卑的封建社会里，为何她亡故后，会得到如此厚葬？

马王堆三号汉墓出土的 T 形帛画

马王堆一号汉墓出土的 T 形帛画，长 205 厘米，顶部宽 92 厘米，末端宽 47.7 厘米

西汉疆域辽阔，为了一统天下，刘邦分封了七个异姓诸侯王。后来，这些诸侯王的势力越来越大，已经可以称霸一方了，这对中央集权统治产生了威胁，于是刘邦通过各种借口除掉了这些异姓诸侯王，让自己的亲戚取代了他们的地位。不过，长沙国的异姓王吴芮处理起来比较棘手，因为长沙国的南边有一个军事力量很强的南越国（今广东大部分地区）。为了保住这处战略要地，刘邦对长沙国必须倍加小心，既要笼络长沙国，又要防止长沙国叛乱。为此，刘邦想了个办法，他派辛追夫人的丈夫利苍到长沙国监督吴芮。因为利苍的封地在轪（dài，故城在今河南光山西北息县界），所以利苍又被称为"轪侯"。利苍死后，他与辛追夫人的儿子利豨（xī）继任爵位，成为第二代"轪侯"。

素纱单衣曾深埋地下2000多年，出土后由于环境骤变，加速其纤维分子链的断裂，纤维的强度大幅降低。另外，因常年展览，光照、氧气等自然因素也加速了纤维的老化。虽然至今素纱单衣仍保持有一定的光泽和弹性，但无论从文物保管、开放陈列还是文化传承等方面综合考虑，仿制工作都迫在眉睫。

为做好素纱单衣的仿制工作，湖南省博物馆文物技术保护研究中心工作人员经多次实地考察，并通过招标后，确定与南京云锦研究所有限公司合作，对素纱单衣进行仿制。历经数十年的研究，他们终于仿制出了一件重量约49克的素纱单衣。这件仿制的素纱单衣成品无论从重量还是形制上都做到了完美"复原"。

马王堆汉墓出土的西汉木板漆画
《黑地彩绘漆棺》（头档局部）

马王堆汉墓出土的西汉木板漆画
《黑地彩绘漆棺》（足档局部）

一件素纱单衣的出现，仿若让我们透过那层纱，看到了汉代中国丝织技术的发达，难怪丝绸与瓷器一样，成为中国的另一个代名词，古希腊人和罗马人甚至称中国为"丝国"。而这一段段丝绸、一件件丝织衣服，曾越过陆地，漂过海洋，成为中国商人对外贸易中必不可少的奢侈品，是中国对外贸易的重要物资，也是中国向世界展示我们高超丝织技术的桥梁。

## "一直被模仿却从未被超越"的素纱单衣

素纱单衣的制作技术对现代人而言并不复杂，和西汉同时期的羽毛贴花绢、印花敷彩纱等织物相比，素纱单衣的整体制作工艺其实更简单，因为素纱单衣除了织造就是简单的缝纫。随着科学技术的进步，很多工艺条件都发生了变化，看上去很简单的事情做起来却极其难，因此，素纱单衣的仿制过程并没有想象中的容易。

专家们经过对衣服上的丝线横断面切片、氨基酸含量，以及 X 射线衍射等的检测，最终确定了这件素纱单衣的纤维为家蚕的蚕丝。几个月后，仿制的素纱单衣出炉，可是一称重量，竟超过原物很多克。显然，这次的仿制失败了。

为何在纺织技术如此发达的今天，仿制古代衣物却如此困难呢？专家们了解后才知道，这并非纺织技术的问题，而是原材料的问题。汉代的蚕都是休眠三次、蜕皮三次的"三眠蚕"，而现在的蚕都是"四眠蚕"。三眠蚕产量低，蚕丝细；四眠蚕产量高，蚕丝粗。汉代的养殖技术并不发达，人们只能养三眠蚕，因此，当时的蚕丝非常细。这也是现代的仿制工艺虽然先进，但制作出来的纱仍不及素纱单衣原纱轻薄的原因。

问题的根源找到了，该如何解决呢？专家们想出了一个办法，每天给四眠蚕喂特殊药食，将其特性逐渐变回三眠蚕，吐出来的蚕丝就比原来细了一半多。

2019 年，经过专家们不断努力，一件重量约 49 克的仿制素纱单衣终于问世。这也是素纱单衣出土以来，首次得到官方授权，在经博物馆相关专家的鉴定后得到官方认可的纺制品。

曲裾深衣在西汉初期非常流行。当时的女子多采用叠加和缠绕的穿衣方式，其中，叠穿三层以上的，时称"三重衣"。这种叠穿法现代人也不陌生，很多时尚达人就经常采取这种穿衣方式，但这都是古人玩剩下的了。缠绕的穿衣方式主要是将衣襟绕着腰部多周旋转，最后用带子系住，这样的缠绕方式会让衣服层次分明。整体来说，重叠和缠绕的穿衣方式让衣服具有层次感和空间感，使穿衣女子看起来更加摇曳多姿，更富有女性魅力。但是这种穿法也有局限性，因为缠绕时衣服的下摆紧贴身体，穿衣者有束缚感，也迈不开步子。这要是现代女子，急着上班，非天天迟到不可。下面这幅图就是曲裾深衣的设计样式，可以根据你的理解给它涂上适合的颜色，大胆发挥你的想象力吧！

# 错金铜博山炉:
# 来自汉代的 3D 烟雾打印机

　　雄才大略的汉武帝奠定了汉代强盛的局面，然而，坐拥四海的汉武帝并不满足，还想拥有人间仙境。因此，汉代神仙方术特别流行，而博山炉的出现正好满足了这一时期汉代人的心理需求。"博山"是海上仙山的统称，将"博山"制作在香炉上象征了长生不老。正因如此，博山炉迅速走红，成为权贵们人手一件的奢侈品。而现存于河北博物院的错金铜博山炉，更是博山炉中的佳品。

## 烟雾缥缈，香炉上的"人间仙境"

　　错金铜博山炉出土于西汉中山靖王刘胜的墓室，通高 26 厘米，腹径 15.5 厘米，看上去还没我们日常玩的变形金刚大，但它通体用金丝和金片错着舒展的云气纹，精湛的制作工艺足以令现代人震撼。

西汉错金铜博山炉

这件错金铜博山炉分为炉座、炉盘、炉盖三部分。炉座象征波涛翻滚的大海，上面雕了三条蛟龙。蛟龙怒目圆睁，龙口大张，龙头上扬处正好托起炉盘，仿佛随时要跃出海面。而炉盘的上部与炉盖的结合，形成了一座立体的山峦，并用金丝错嵌出了山间秀美、神兽出没、猎人奔走的鲜活场景。这种流动的设计感让博山炉富有生机，犹如仙山近在眼前。细心观察会发现，最下面毫不起眼的炉盘正是内藏于这件错金铜博山炉"高科技"的核心部件。只要点燃了炉盘上的香料，香味就会随着烟雾丝丝缕缕地散发出来，而烟雾则从炉盖上的镂空部位钻出来，一丝丝，一缕缕，很快便与博山炉融为一体，呈现出山海之象。

炉腹下部的炭火，由于通风不畅，所以只能保持缓慢的阴燃状态，正适合香料发烟。谁能想到 2000 多年前的汉代就已经有了类似于 3D 打印机的物

西汉铜骑兽人物博山炉，高 32.3 厘米，底盘径 22.3 厘米。盘形底座，折沿、浅腹、平底，盘心有一骑兽力士

件？只不过我们现代的 3D 打印机打印出来的是一个个具体的物件，而这个博山炉能将烟雾以 3D 的形象展现出来。

此时再看这件错金铜博山炉，盘底三条蛟龙的身躯，仿若蜿蜒盘绕于波涛云雾中，龙头上方的烟雾更像是山海间的云气，它们正欲翻腾于澎湃汹涌的海面。而在海面之上，富有生机的追逐捕猎场景又多了一些玄幻的色彩，尤其是山间的神兽与虎豹，若隐若现，仿佛真的在追逐闪躲。而山顶之上，则是另外一番景象。烟雾从炉盖的顶部钻出来，看上去云气缥缈，微有流光，简直就是人间仙境。

## 集万物于一炉，在忽悠中诞生的精湛工艺

汉代人对求仙问道相当执着，他们相信这个世界上真的有仙境，只不过仙境距他们比较远，不是在山上，就是在岛上。而岛屿，是海上的山。古人认为，"蓬莱、方丈、瀛洲"是古史传说中三座神秘的海岛，那里为神仙所居，因此被称为"三神山"。三神山上长满了仙草，人只要吃下去，就可以长生不老。而住在仙界的居民不仅可以长生不老，而且不用承担任何社会责任与义务，他们的生活绝对称得上快乐无极限。这想象力可以说是相当丰富了。既然有这好事，怎么不令人心动呢？尤其是帝王们，他们已经得到了凡间的一切，因此对寻访仙境更为痴迷，绞尽脑汁地打探仙境到底在什么地方。这其中就包括汉武帝，然而令人万万没想到的是，他竟然被一个方士给骗了。

骗子之所以能够成功，是因为他完全看穿了皇帝的心理。胆小的骗

古代仙境图两幅。左侧为清代袁耀绘的《蓬莱仙境图》，右侧为明代仇英绘的《桃源仙境图》。这两幅仙境图描绘出了古人心目中仙境的样子，不仅有自然山水，还有华丽的宫殿楼宇，好一派桃源景象

子一般只骗骗老百姓，而胆大的骗子会去骗帝王。这个来自汉代的超级骗子，名叫李少君，号称自己掌握了长生不老的本事。某天，自称见过"蓬莱仙人"安期生的李少君，拿着一件青铜器去见汉武帝。他向汉武帝表示自己能化丹砂为黄金，再将这些黄金抹在餐具表面，每日使用这种餐具便可延年益寿。等寿命足够长了，便能见到安期生，并求得"不死之药"。李少君的脑洞开得很大，逻辑也没毛病，竟然让精明过人的汉武帝深信不疑。

汉武帝仔细询问了李少君关于仙境的事情。李少君接着忽悠："在那三座神山上，有禽兽栖息，颜色皆白，宫阙此起彼伏，一律用黄金和白银打造，远远看去，那仙山宛若彩云，走到近前，才发现它们原来竟在水下。"如此巧言令色，汉武帝着实有些心动。李少君继续忽悠，说

自己曾经登上过东海中的蓬莱仙山，那里一位名叫安期生的千岁老人给了他一颗巨大的枣，这颗枣足足有西瓜那么大，吃了仙枣，他就获得了长生不老的本事。现在看来这是相当低级的骗术，然而就是这样低级的骗术，竟然把汉武帝完全忽悠住了。因为皇帝有一个通病，那就是怕死。汉武帝把求仙问药当成了自己的主业，并且贯穿了他的余生。

李少君虽然是个骗子，但他成功地脑补出了一个仙境。汉武帝跟着这帮骗子四处寻找仙境，最终却毫无结果。于是，他只能将对仙境的向往寄托在了日常的器物上。为满足汉武帝的这一需求，汉代工匠们潜心研究，大大刺激了汉代工艺技术的快速进步。汉代的工艺大师各显神通，展现了很高的技艺，以惊人的手笔，集绘画、雕塑、铸造、金属细工于一体，将自然界各种美的形式要素加以重新组合再造，集万物于一炉。据《西京杂记》记载，长安巧工丁缓善于做博山炉，能够重叠雕刻

| 西汉透雕盘龙铜熏炉和炉盖

奇禽怪兽以做香炉的表面装饰，博山炉工艺之繁，远远超过后来出现的三足或五足香炉。

为了让博山炉更具意境，汉代工匠还为博山炉搭配了更多高档的香料。自古以来，中国人就有焚香的习俗，最早用于焚香的香料是茅香，它最大的优点就是香气馥郁，但它也有一个缺点，那就是点燃之后烟熏火燎。随着丝绸之路的开辟，龙脑、苏合、沉香等树脂类香料被大量引入，汉代人将这些香料做成了香饼或香球。它们燃烧起来，丝丝缕缕，幽香沁脾，这种迷人的香气自然与博山炉更搭。

后来汉武帝也意识到自己被骗了。有一次，他召见李少君，追问自

西汉铜熏炉。炉口径 7.8
厘米，座高 11.6 厘米，
重 533 克

己究竟何时才能遇到仙人。李少君慌得不行，却故作镇静，继续忽悠道："陛下，这得看缘分，如果没有缘分，仙人肯定不见您呀！"另一名方士栾大也说："陛下，这是秘方用尽了，所以没有应验。"极具讽刺意味的是，还没帮汉武帝实现梦想，李少君就一命呜呼了。他有生之年没有露出破绽，但后面几位方士的日子就不好过了。当汉武帝终于醒悟过来的时候，骗子们自然没有好果子吃了，栾大、少翁这些方士都未能逃脱杀身之祸。然而，一切都为时已晚，汉武帝悔恨不已，他语重心长地对大臣们说："向时愚惑，为方士所欺。天下岂有仙人，尽妖妄耳！"3年后，汉武帝就去世了。

虽然汉武帝在临终前否定了"神山""仙人"这些说法，但后人对此津津乐道，乐此不疲。这件博山炉正是呈现这些神话传说的一个载体，它不再是一个日常生活用的器皿，更是一件艺术珍品。它所蕴含的历史价值、艺术价值以及文化价值，都是独一无二的，堪称汉代文物中罕见的旷世奇珍。

唐代银熏球。银熏球虽盛行于唐代，但在汉代的《西京杂记》中已有记载，是古代用来熏香衣被的奇巧器具

## 古代竟也有化学实验

从秦始皇开始，皇帝就执迷于长生不老之术，于是无数人踏上了寻访长生药的路途。当然，也有许多人冒充神医方士，自称能炼制长生不老药，借机"讹"一笔。汉代的李少君便是如此，那么李少君是如何骗过汉武帝的呢？

现在的研究认为，李少君是掌握了一项核心技术：将丹砂炼成汞（水银），以此忽悠四方。当时的一些书籍，包括淮南王刘安所编的书里，都记载了这项技术。

司马迁的《史记·货殖列传》里就曾记载，中国最早的女富豪、巴郡的寡妇清依靠卖丹砂，赚得盆满钵满。可见，秦汉之际，丹砂的需求量和价格都很可观，而它的主要作用就是炼丹。东晋著名炼丹家葛洪有言："丹砂烧之成水银，积变又还成丹砂。"其实这就是一个简单的化学过程。要是放到现在，用我们所学的化学知识，一个高中生就可以赢过古代一流的炼丹家了。

但是，古人并没有这么多的化学知识，他们发现丹砂不但烧而不烬，而且烧之愈久，变化愈妙。在古人的思想里，"烧不死"和"不败朽"的东西，一定能使人长生不死。于是，在此基础上，古人不断折腾，在主料丹砂和水银外，还按照一定比例加入其他金石药物混合烧炼，反复进行还原和氧化反应实验，以求实现炼制丹药的愿望。

尽管用现代人的眼光看，这种行为非常愚昧，但在古代，能做出这样的化学实验，也着实令人佩服。

香炉文化与朝代的更替有着密切的关系，每个朝代的香炉都有自己的特色和风格，功能也层出不穷，这反映出一个时代的精神需求。汉代求仙问道盛行，所以汉代香炉一般呈现的是一种仙山的形态，比如博山炉。到了唐代，香炉则更多呈现的是雍容华贵的形态。而宋代的香炉则工艺独特，造型简约，呈现素雅、内敛的生活情趣。下面几幅图里的香炉来自不同的朝代，其中有一幅并不是香炉，而是用来盛装食物的簋（guǐ），你能把它挑出来吗？

A

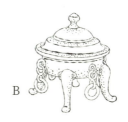

B

C

D

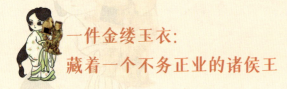

# 一件金缕玉衣:
## 藏着一个不务正业的诸侯王

在汉代，曾经流行过这样一种说法，即"玉能寒尸"。他们认为玉是山石的精华，吞食可以长寿，佩戴可以辟邪。只要把玉石、金银做成的器物穿戴在死者身上，就能锁住人的"精气"。也就是说，穿上玉衣就可以让尸身永远不腐。这种说法一传十、十传百，渐渐地，汉代人人都相信了。玉器随葬也就成为当时贵族阶级极其推崇的一种时尚。

### 来自汉代的拼装技术

金缕玉衣对使用者的身份有极高的要求，遵循着极为严格的等级制度。《后汉书·礼仪志》记载，金缕玉衣只有皇上才有资格使用。诸侯王、公主等只能使用银缕玉衣，一般贵族就要使用铜缕玉衣，等级再低一些的，那就只能是丝缕玉衣了。不同的玉衣，象征着墓主人不同的身

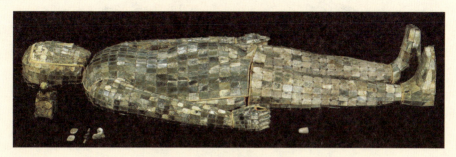

西汉中山王刘胜墓中出土的金缕玉衣

份等级。不过，凡事都有例外，这个叫刘胜的人就很神奇，他既没有当过一天皇帝，在政治上也毫无作为，但他死后居然可以穿着金缕玉衣下葬，就连他的王后窦绾也跟着"沾光"穿上了同款。这种现象的出现可能是玉衣按等级使用的制度在当时尚未完全形成，或者是汉武帝破格特赐。

这两套来自汉代的"情侣装"做工极其奢华、细节相当考究，让我们不得不惊叹古人的聪明才智和精湛技艺。在经过文物专家的细心修复后，这两套金缕玉衣终于展示在世人面前了。

刘胜的金缕玉衣全长 188 厘米，共用玉片 2498 片、金丝约 1100 克。这件金缕玉衣可不是像武则天绣裙那样的衣服，它更像是防护服。从外观看，玉衣的形体和人体几乎一模一样，宽肩阔胸，四肢粗壮。玉

刘胜墓出土了许多文物，其中就有我国迄今发现质地最好、时代最早、保存最完整的一整套西汉医疗器具。这件青铜盆的边缘和盆壁上，三处都铭刻着"医工"字样，可能是蒸药的工具

衣共分为头部、上衣、袖筒、裤筒、手套及鞋子六部分，每部分都可以独立拆卸。

考古专家在进行了更加细致的清理与检查后，发现这件玉衣的每部分都可以再次分离。比如，看起来像个防护武器的头部，由头罩和脸盖两部分组成，脸盖上还鲜活地刻了眼睛、鼻子和嘴巴。上衣分为前片和后片，而袖筒、裤筒、鞋子、手套，都是左右分开的。这就跟我们日常玩的拼装玩具一样，拼装完以后，你会发现每个配件之间的结合都非常巧妙，浑然一体，但当你拆卸的时候，又会感到这些配件细致有序。不过，不同的是，拼装玩具是由机器模型做出来的塑料配件，但刘胜的这件金缕玉衣可都是用玉石手工打磨而成的，并且是根据刘胜的体形量体裁衣，这可需要下很大的功夫。

上衣的前片设计呈胸部平坦、腹部鼓起的形状，类似于现在的"将军肚"；后片下端将臀部的轮廓也设计出来，呈现效果十分完美。左右裤筒分开设计，大腿根略粗，逐渐过渡到小腿部分，越来越细，腿部弧线也很优美。整件金缕玉衣，最难处理的应该是手套部分，因为手的关节多而细小。手套整体呈握拳状，需要将一百多片形状不同、大小不同的玉片按照手的形状连缀起来。其中，最小的玉片只有成人拇指盖大小，制作难度之大可想而知。鞋底部分由特制的三块大玉片组成，最大的玉片长 4.5 厘米，宽 3.5 厘米。鞋帮可向两边打开，穿脱都十分方便。

另外一套窦绾金缕玉衣全长 172 厘米，共用玉片 2160 片、金丝约 700 克。与刘胜的玉衣相比，窦绾的玉衣有两处不同：一是上衣部分的玉片比较大，并且不是用金丝编缀，而是用丝织物粘贴

刘胜墓出土的铁铠甲（复制），共用 2859 片甲片连缀而成，甲片由纯铁热锻制成

错金银铜骰，是一个 18 面的球形物。其中，16 面上分别错出篆书或隶书数字"一"至"十六"，在另两个相对称面上分别错出篆书"骄"和"酒来"字样

东汉羽人驭神兽

在一起；二是头罩两侧分别设计了耳朵的形状。

## 高超的"拔丝"工艺

金缕玉衣象征着帝王的身份，在制作工艺上也有着非常严格的要求，一般的民间小作坊是没有机会制作的。为此，汉代的统治者设立了专门从事玉衣制作的"东园"。东园的工匠们可忙了，他们需要对大量的玉料进行选料、锯片、抛光、钻孔等处理，在基础加工阶段就有诸多繁杂的工序。这里提到的锯片是靠什么方法实现

汉代龙纹玉璧。汉代的玉器制作精良，体现了当时精湛的制作技艺

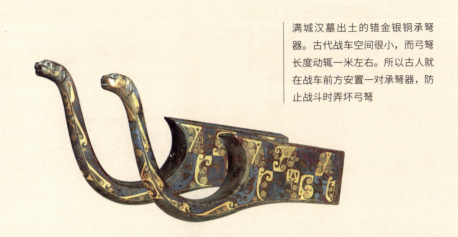

满城汉墓出土的错金银铜承弩器。古代战车空间很小，而弓弩长度动辄一米左右。所以古人就在战车前方安置一对承弩器，防止战斗时弄坏弓弩

的呢？要知道古代可没有现代化的加工机械，从玉片的切割痕迹可以看出，圆片锯或者直条锯是主要的切割工具。有些玉片上的锯缝很窄，切割工艺的精密程度令人震惊。难道当时已经有非常高效的轮轴切割机械了？

玉片钻孔就得用到神奇的"砂钻法"。最小的孔直径仅1毫米，这就要求穿过它的金线非常细，所以东园的工匠们对金线的处理就用了"抽拔"的工艺。在加工过程中，采用退火的热处理工艺，有的金丝横断面直径为0.08—0.14毫米，比我们的头发丝还细，可见当时的"拔丝"工艺水平有多高超。为了让玉片紧密巧妙连接，还要在不同的部位采用不同的编缀法，最常见的莫过于交叉式、套联式、并联式、结联式等。最后还要用织物或铁条进行锁边处理，一件奢侈华丽的金缕玉衣就制作好了。现在看来，其中还具有较强的科学性呢。

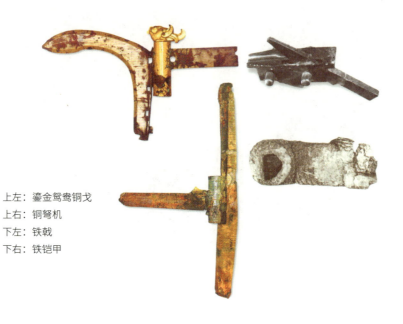

上左：鎏金鸳鸯铜戈
上右：铜弩机
下左：铁戟
下右：铁铠甲

## 大智若愚的中山王

在 2000 多年前的西汉，要制作出这样一件金缕玉衣，难度之大可想而知。制作一件中等型号的玉衣所需要的费用极高，几乎相当于当时一百户中等人家的家产总和。所以这个刘胜到底是什么人？他凭什么在死后有资格穿着金缕玉衣入殓？莫非这刘胜有什么过人之处？

刘胜是汉景帝刘启的儿子，曾被汉景帝封为中山王。据《史记》记载，刘胜是一个骄奢淫逸、不务正业的贵族公子，他的墓室出土最多的恰恰就是酒器。这些酒器质地精良、造型优美，不少酒器上还刻有铭文。为了证明刘胜的放荡不羁，《史记》又写了一句"有子枝属百二十余人"。《汉书》的记载则更夸张，直接告诉世人，刘胜有 120 多个儿

左：错金铁匕首
中：环首刀
右：玉具剑

子，比因有百子而闻名的周文王还多出 20 个！并且刘胜语不惊人死不休，他生前公开表示：诸侯王就应该吃喝玩乐！

刘胜的言行举止都表明，他是个不折不扣的纨绔子弟。其实，这一切都是表象。刘胜其实是拥有大智慧的人，他早就看清了一点：时局艰难，明哲保身才是王道，否则稍有不慎便会万劫不复。晁错被腰斩、周亚夫惨死狱中、梁孝王抑郁而终……这几个人的悲惨下场给他敲响了警钟，让他只能选择"苦中作乐"的自保方式。看似庸碌荒唐的生活方式，倒也保了他一世平安。

这件造价极其昂贵、处处体现尊贵的金缕玉衣，便是对他这一生最好的安葬。只是，汉代人的"视死如生"看上去充满希望，但也只是空梦一场。在金缕玉衣被发现的时候，刘胜与窦绾的尸身早已变成了一抔黄土，只剩下这两件奢华的金缕玉衣，为后人讲述着汉代的厚葬风俗。

## 刘胜真的有 100 多个儿子吗

中山王刘胜除了金缕玉衣，最让人津津乐道的，就是他有 100 多个儿子这件事情。那这是真的吗？

首先，关于刘胜是好色之徒这一点，完全符合历史事实。无论《史记》还是《汉书》，都明确记载，"胜为人乐酒好内"。但好色就一定有那么多儿子吗？

根据《史记·五宗世家》记载："中山靖王胜，以孝景前三年用皇子为中山王。十四年，孝景帝崩。胜为人乐酒好内，有子枝属百二十余人。"

这里的"枝属"指的是"旁系亲属"，古今史书中多用这个词语。如《吕氏春秋·慎行》中的"因令卢满嫳兴甲以诛之。尽杀崔杼之妻子及枝属，烧其室屋"，《史记·外戚世家》中的"卫氏枝属以军功起家，五人为侯"，《旧五代史·唐书·宗室列传》中的"昔武皇发迹于阴山，庄宗肇基于河朔，虽奄有天下，而享国日浅，眷言枝属，空秀棣华"，等等。

因此，刘胜 100 多个子女中，应该包含他的旁系亲属，而并非都是自己所生，也不可能是 100 多个儿子。

　　说玉器必言中国，言中国必谈两汉，由此可见，两汉时期玉器的艺术水准和制作水平已为世人所公认。假如当时也有达人带货，那么玉器一定会位列日用品销售榜榜首。随着汉代经济的发展，玉器形式越来越多样化，有玉舞人、心形玉佩、玉带钩等，其中玉舞人更是玉器中最特殊的配饰之一。它的特殊性在于，题材新颖鲜活，仅限于舞蹈中的女子。从外形看，玉舞人小巧可爱，舞姿曼妙优美，造型精巧活泼，你能根据这些特征认出它吗？

A

B

渠树壕汉墓出土的壁画《马车出行图》

第二章

非凡的智慧

# 狸猫纹漆食盘：
## "喵星人"带来的"小确幸"

马王堆一号汉墓出土的具杯盒及"君幸酒"云纹漆耳杯。"君幸酒"云纹漆耳杯长 16.9 厘米，高 4.4 厘米

漆器是我国古代一项伟大的发明。在汉代，漆器工艺达到了巅峰。贵族们为了满足日常使用和观赏需求，投入了大量的人力和财力，漆器被装饰得越来越华贵。轻巧方便、造型独特的漆器很快就取代了青铜器，成为贵族们生活中的必需品。其中，最为精美的就是狸猫纹漆食盘，现藏于湖南省博物馆。

狸猫纹漆食盘内壁画有狸猫，可谓惟妙惟肖，创意十足。但为何狸猫纹会获得工匠们的青睐呢？这应该与当时的饮食习惯密切相关。

汉代流行低矮型家具，贵族们席地跽（jì）坐，实行分食制。盘、卮（zhī）、耳杯等食器均摆放在很矮的承案上。由于食器基本都是低矮敞口状，为了避免其中的食物被鼠、蛙、蛇等偷食，古人就在食器上画猫，起到警示作用。另外，狸猫纹也代表了对美好生活的祈盼，将长寿、安康的愿望寄托在食盘上，反映了人们对美好生活的向往。

## 由"严肃派"向"萌萌派"的转变

古代的狸猫与我们养的家猫有区别吗？毕竟过去了 2000 多年，不知道我们现在养的家猫有没有基因突变，否则，古代人为何称猫为"狸猫"呢？听起来就很凶猛的样子，一点都不像我们怀里那个温柔、爱撒娇的喵星人。好在，这件来自汉代的狸猫纹漆食盘给了我们最好的答案。

食盘上的狸猫，有着又大又圆的眼睛，两只尖尖的耳朵竖起，看上去胖嘟嘟的。从外形看，好像与我们现在养的家猫并没有太大区别。

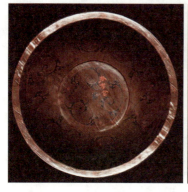

| 狸猫纹漆食盘上的狸猫图案，趣味横生

不过，它看起来似乎是个狠角色，一副非常不好惹的样子。它的前爪落地，尾巴高昂着，眼睛用朱砂勾画而成，眼神充满了警惕与攻击性。那副架势，仿佛你再撩它一下，它就会立马扑上来挠你。有意思的是，汉代贵族平日里用的食盘，大都看上去威严庄重，纹样多数是牛头、兽首这样的"严肃派"，这样才能表现出与他们身份地位所匹配的权威。如此生动可爱的狸猫纹器皿着实少见。或许是因为在此之前，国家经历过大分裂，人们刚刚从战乱中缓过来，心里充满了对新生活的期待与向往。这种发自内心的喜悦与期待又渗透到汉代人生活中的点点滴滴，所以就连日用的器皿也变成"萌萌派"了。

这件狸猫纹漆食盘高 6.2 厘米，口径 27.8 厘米，相当于我们现代人使用的八寸餐盘。这个尺寸在常见的器皿中不算大，但架不住它可爱，且内容丰富。食盘上不仅有奶凶奶凶的猫咪，还有简单的"君幸食"三个字。用我们现代人的话说就是："祝您用餐愉快，吃好喝好。"如此简单朴实的愿望直白地写在日用的食盘上，原来汉代人也懂得"心理暗示"呀！

一件器皿如果想让人有食欲，单靠生动可爱的纹样与美好的寓意是远远不够的，它还需要将外形设计得圆润，色彩搭配得和谐。这件狸猫纹漆食盘的整体设计正好符合这两点，食盘拥有圆润的弧度，而色彩只选择了黑、红两种颜色。红色代表着喜庆与朝气，而黑色的勾画与点缀又让食盘不失庄重，两种颜色相互呼应，看上去无比协调。

除了颜值，器皿的质感也很重要。这件狸猫纹漆食盘可以算得上极品。或许有人会感到困惑："汉代人为什么吃饭用漆器？油漆中不是含有甲醛吗？"说到这里，估计食盘上的狸猫都得偷偷笑话你了。

在此之前，人们多用青铜器，但青铜器实在是太重了，拿取携带都

| 马王堆三号汉墓出土的帛画《车马仪仗图》

不太方便，漆器的出现正好解决了这一问题。尤其是汉代的贵族，他们日常的饭局肯定多，而汉代人又很讲究礼仪，餐桌上肯定免不了敬酒。一敬酒，就得将青铜器皿拿上拿下，这一顿饭吃完，估计胳膊都累得抬不动了。所以，当他们知道这个世界上还有漆器这种轻巧华丽的器皿时，便花了大量的人力和财力去提高漆器的工艺，使漆器得到广泛使用。至于漆器中会不会有甲醛，这还真不用担心。因为漆器的原材料很可能就是最为常见的从植物中提取的油脂，既环保又健康。

## 原来辛追夫人也是吃货一枚

相信大家对汉代的辛追夫人肯定不陌生，但你知道辛追夫人是漆器的忠实粉丝吗？她的墓室里出土了大量的漆器，比如漆鼎、漆壶、漆盘、漆奁（lián）、漆耳杯……这些漆器大多数是木胎，色彩多为里红外黑，黑漆上往往绘有红色或者赭色的花纹，看上去精致华贵。

| 马王堆三号汉墓出土的锥画狩猎纹漆奁

狸猫纹漆食盘就是辛追夫人使用过的众多漆器之一。要知道，在汉代，漆器的拥有者非富即贵。正是为了满足辛追夫人对漆器的使用和审美需求，我们才能见到狸猫纹漆食盘如此圆润的弧度、黑红二色的和谐搭配，以及具有强烈写实风格的绘画技术，这三者完美结合于一方盘子上，呈现了一位汉代女子的"小确幸"。

这么生动可爱、精致华贵的食盘，到底有没有让辛追夫人"君幸食"呢？很多人会因为史料上记载的辛追夫人而猜测她并不快乐——青年失去了丈夫，晚年又失去了儿子。从这一点看，辛追夫人的人生似乎有太多的不圆满。然而，不圆满的人生，并不代表她会一直不快乐。当辛追夫人的遗体被发现后，考古学家在辛追夫人的胃里居然发现了138

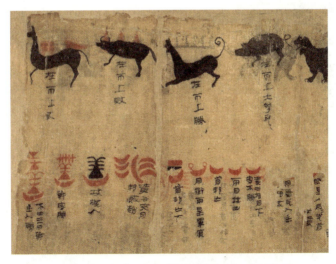

| 马王堆三号汉墓出土的汉代帛书《天文气象杂占》（局部）

马王堆三号汉墓出土的帛书
《相马经》（局部）

颗甜瓜子。难不成去世那天，她还大快朵颐了一番？经医学鉴定与分析，辛追夫人很有可能是在一个暑天，吃了许多自己最爱的甜瓜，发生了胆绞痛，由此诱发了多种并发症，最终离开了这个世界。

除了她的遗体与随葬品，墓中还出土了312枚竹简，这些竹简过半数记载着随葬品的种类。在这些随葬品中，食物占据了一大部分。据出土的竹简记载，辛追夫人的墓室简直是美食天堂，肉类、豆类、谷物、点心、水果，甚至连调味品都有，可谓一应俱全，看得我们现代人目瞪口呆，原来辛追夫人是吃货一枚！

这样一个喜欢美食的人，难怪那么喜爱狸猫纹漆食盘。丰富的佳肴，加上漂亮的器皿，简直是人生莫大的享受。狸猫纹漆食盘在那些孤苦的岁月里陪伴着辛追夫人，辛追夫人也通过品尝美食而获得内心的一丝慰藉。餐盘上的狸猫与"君幸食"三个字，正是辛追夫人每天的"小确幸"。

# 古代贵族爱吃瓜

现在流行的一个词叫"吃瓜"，意思是"看八卦"。古代人也爱吃瓜，但他们吃的"瓜"是美味的香瓜。

香瓜是人们对薄皮甜瓜的俗称。在喜欢吃瓜的古人中，最有名的莫过于汉代的辛追夫人和海昏侯刘贺了。考古专家从他们的遗骸之中都发现了瓜子。

这就有意思了。为什么这些古代贵族都对香瓜情有独钟？其实，汉代的瓜果品种没有现代这么丰富，那个时候可没有"瓜界扛把子"西瓜可以吃，"吃瓜贵族"只有一种瓜可选，这便是香瓜。

香瓜因为"随遇而安"的生长特性，广泛分布于世界许多地方，经过逐渐演进分化，形成薄皮甜瓜族系，再一路北漂，后被引入中国。虽然香瓜的植株和果实较小，皮薄而脆，不耐贮藏，但也有明显的优势，它能适应温湿环境，抗病力强，可以粗放管理。于是，中国人吃瓜的历史，就此开启篇章。在浙江湖州的钱山漾遗址中，就曾出土过两粒至少3900年前的香瓜子壳。

香瓜味甘，性寒，具有清热解暑、除烦止渴和利尿的功效。但吃多的话，容易腹胀或者腹泻，尤其是对身体虚弱或者脾胃虚寒的人来说，影响较大。

　　马王堆汉墓的发现曾经震惊世人。马王堆汉墓出土了深埋地下2000多年而不腐的辛追夫人尸体。她具有弹性的皮肤以及宛如睡梦中的千年遗容，创造了人类防腐技术的奇迹。而满城汉墓的发现同样名闻天下。满城汉墓出土了一件奇怪的铜器，一时之间谁都猜不出它是做什么用的。它形似盛开的花朵，四片花瓣自然下垂，花蕊上立着一只灵活的长臂猿，长臂猿和花蕊连接处有铜轴，可以自由转动，造型生动，构思精巧。可它到底是用来做什么的呢？有人说它是烛台，也有人说它是装饰品，专家们把它倒过来一看，原来这是一个挂钩，是专门用来悬挂东西的，名叫西汉四瓣花形悬猿铜钩。一件

小小的青铜器，竟然有如此巧妙的机关。在佩服古人智慧的同时，给大家留下一个小问题：猜一猜下面哪件文物是西汉四瓣花形悬猿铜钩？

A

B

# 东汉陶马车：
# 又Q又萌的交通工具

汉文帝时期，都城长安未央宫大殿上，一个 20 岁左右的年轻人正在侃侃而谈，为汉文帝出谋划策。他大谈如何治理国家，如何让百姓安居乐业；他才华横溢、思路敏捷，年轻有为又意气风发。他就是汉文帝身边最年轻的智囊贾谊。汉文帝在位初期，百废待兴，正需要有才华、有思想的青年为国家发展献计献策。贾谊的远见卓识和对很多事情的独到见解让汉文帝非常欣赏，他对汉文帝提出的任何问题都能应答如流，每次君臣讨论，都能让汉文帝受益匪浅。

## 怀才不遇的贾谊

汉文帝非常欣赏贾谊的才华，曾经一年之内让他连升五级，破格提拔为太中大夫。本来拥有大好前途，谁承想，贾谊一身抱负和才能竟然无法施展。人红是非多，就在汉文帝想把贾谊升为公卿的时候，朝廷重臣竟然联合起来反对，他们纷纷进言诽谤："这个洛阳人，恃才鲁莽，只想着揽权，朝廷大事儿早晚会坏在他的手里！"

此时，汉文帝根基未稳，不敢得罪朝廷重臣，权衡再三，决定将贾谊外派暂避风头。贾谊就这样稀里糊涂地成为长沙王太傅，也许是他过于锋芒外露，也许是他时运不济，总之，贾谊辉煌的政治生涯戛然而止了。几年之后，汉文帝突然想起了贾谊，便把他征召入朝，当时汉文帝刚刚祭祀完毕，便直接在祭神的宣室内召见了他，两人促膝长谈到深夜。让人意外的是，这次汉文帝跟他探讨的竟然不是国家大事而是鬼神之事，汉文帝听得如痴如醉，甚至不知不觉地将席位向贾谊越移越近，这就是著名的"前席"故事的由来。过后，汉文帝感叹说："我很久没看到贾生了，自以为超过他了，没想到，还是不如他啊！"汉文帝的这次召见让很多人感到匪夷所思，按说他既然这么欣赏贾谊，这个时期重新起用他，并不是难事。但这次相谈甚欢之后，贾谊继续回去做他的太傅了。汉文帝此举遭到了很多后人的批评，大家也都在为贾谊感到惋惜，甚至唐代诗人李商隐专门写了一首《贾生》，讥讽汉文帝："可怜夜半虚前席，不问苍生问鬼神。"

贾谊常常感叹自己生不逢时，他才华横溢，却一直郁郁不得志，长期郁结于心，年仅32岁便不幸殒命。纵观贾谊短暂的一生，虽然饱受争议，屡遭小人构陷，但他在政治、经济、礼仪等方面的主张对西汉的统治起到了重要作用。我们无法去探究其悲剧一生的根源，但从他对礼仪制定的严苛程度或许可以看出，他为人呆板，不懂变通，恃才傲物，导致他不被朝廷所容，这也许就是汉文帝没有再次重用他的重要原因。合作才能共赢，能够引导一群人共同完成历史使命的人，才是真正有大智慧的人才。

## 严苛的乘车礼仪

汉代非常注重礼仪，当时的礼仪文化至今都对人们的生活产生很大的影响。现在我们有文明乘车的礼仪规范，其实汉代也有，甚至比现在更加严苛。东汉陶马车就是在这种严苛礼仪制度下的产物，贾谊说乘车的人必须有"坐车之容""立车之容""兵车之容"。他认为站立不

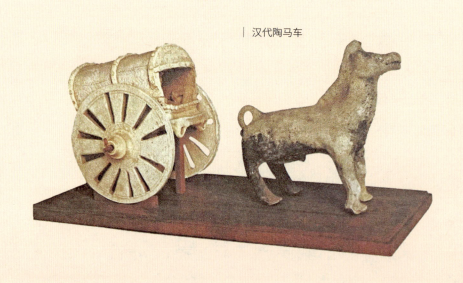

| 汉代陶马车

直、坐不端正、身体怠懈、神态骄傲、左顾右盼、动静无度、随意唾弃、语速太快、运气不顺等，都是乘车时不应该出现的动作。这是什么意思呢？这是指乘车之人不仅要坐姿端正，而且表情和眼神都要受到严格约束，甚至语速过快都不行。试想，这种情况下谁还愿意去坐车？那才是真正的花钱买罪受，于是东汉时期出现了一种外面的人看不到里面人的车，坐上这种车，就算是躺在车里睡觉都没人看得见。东汉著名的陶马车就是这样的车。

汉代马车图拓片

其实在汉代，论豪华程度，陶马车似乎有点小气了，驷马高车才是富贵、权势的象征，乘坐这种车的都是有权有势的达官显贵。还有一种更为豪华的车——驷马安车，它比驷马高车的等级还高，算是汉代最豪华的车了。一般情况下，驷马安车只有王公贵族才有资格乘坐。当然，这个也不绝对，不是王公贵族，只要你足够优秀，也有机会乘坐安车。汉代讲究礼贤下士，若皇帝用安车征聘某个读书人，就说明这个人受到了特殊

汉代收获画像砖

汉代轺车出行画像砖

待遇，那可是无上的荣耀。

《后汉书》记载，汉桓帝用布帛作为礼物，让人驾着安车去征聘韩康。不过，就算是汉代最豪华的安车，坐着也不太舒服。因为古代的车舆与轮轴之间没有弹簧，路面又不平整，坐上车以后，一路颠簸，年纪大点儿的根本承受不了。为此，有人专门用蒲草裹住车轮以减轻震动，但这并不能解决根本问题，不能真正提高乘车的舒适度。

其实，乘车舒适度倒还可以忍受，乘车礼仪才是最让人恐怖的。既要承受颠簸之苦，又要强忍不适保持坐相、保持礼仪，这就有点强人所难了。于是，陶马车的出现正好解决了这个大难题，它既顾全了汉代贵族的颜面，又让他们享受到了乘车的自由和舒适。

## 女子最爱的交通工具

这件来自东汉的陶马车是陪葬的明器，长度仅 17 厘米，高 12.5 厘米，马高 15 厘米。它的外形非常可爱，尤其是马车前的马，看上去更

汉代车马出行画像石

像是一只狗。它昂着头，紧闭着嘴巴，身体胖胖的，四肢又细又短，尾巴蜷曲着，似乎随时准备去完成主人交给的使命。这应该是一匹杂色马，在它的胸前、腹部、后腿上都有黑色的斑迹。当然这些斑迹也有可能是它在地下沉寂太久，岁月留下的腐蚀痕迹。马车的车厢顶部为篷盖形，车门开在车厢的后面，这样的车型在当时被叫作"辇（niǎn）车"，是专门给妇女乘坐的。难怪牵引它向前走的不是驰骋千里的骏马，而是这匹看上去温驯平和的小马，或许它跑起来不快，但绝对可以让主人坐着舒服平稳。

除了辇车，汉代还有辒车、軿（píng）车。其中，軿车主要供皇太后、皇后及其他后妃等贵族妇女乘坐。这些马车有一个共同点：封闭效果好，外面完全看不到里面。比如这件陶马车，在它的车厢内，还有帷布密封。可别小看这件陶马车，它虽然小，却是一个"套房"。它的车厢四周封闭，分前后两室，前面和侧面有启动灵活的车窗，后面还有开关自如的车门。车内，往往会铺上地毯，若是有人累了，可以直接躺

汉代敞篷伞柄

下休息。陶马车的车轮设计也很别致，车轮的高度接近车厢的三分之二。它的轮毂错落有致，在马儿奔跑时旋转出漂亮优美的纹路。其实，这样的马车在东汉还有一个令人意想不到的用途，就是运送尸体，运送尸体的此类马车被称作"辒辌（wēnliáng）车"。

像陶马车这类的辇车，车厢舒适度高，马匹性格温和，安全性高，更适合女子乘坐，所以，汉代的男子是不愿意乘坐的，大概他们都有点"偶像包袱"吧。或许贾谊也没想到，在他制定的严苛礼仪制度下竟然还能催生出如此舒适的马车。这件小小的陶马车出土以后，并没有可靠的信息告诉我们它的墓主人是谁，但从它的形制来看，它的墓主人应该非富即贵。还有一种可能，即陶马车是墓主人生前不曾得到的奢侈品，因为汉代对乘坐车辆有着明确的规制，如"贾人不得乘马车"，只有朝廷官员才可以乘坐，官吏等级与车马制度的联系非常紧密。既然生前得不到，那做一件这样的陪葬品放到墓室里，希望墓主人的下一世能实现这一生所有的憧憬。

## 中国马车跟西方马车的区别

由于西方国家的马车出现得比较早，且较为完善，因此，有人说中国的马车有可能是从西方引入的。究竟是否如此呢？

考古专家在我国河南安阳地区发掘了多处商周时期的车马坑，甚至有比较完整的马车，这些都证明了，我们国家的马车发明的时间比国外早太多了。

通过研究出土的商周马车文物，专家们又发现中国古代的马车跟西亚地域的马车有着很大的差别。我国商代马车使用较多的是双轮车，而公元前 20 世纪左右的西亚使用较多的是四轮马车。他们的马车通常只能乘坐 1—2 人，而中国古代马车空间更大，能乘坐的人数更多，甚至有的帝王在自己的马车上煮酒摆宴吃喝。

中西方的马车饰品也各有不同，通过文物参照，我国古代马车很讲究这方面的搭配，注重"出入平安""一帆风顺"等好兆头，故此会在马车上悬挂一些驱邪保平安的小饰品，其中大多数是铜质饰品，比如铜泡等。另外，西方古代马车深受西方文化的影响，其风格与中国古代马车差别很大。所以，"中国的马车是从西方引入的"这种言论，是不正确的。

汉代经济繁荣，人民生活富裕，流传下来的文物也数不胜数。在诸多文物中，有一件文物非常醒目，那就是被誉为稀世国宝的"西汉金兽"。它的外形非常奇特，看起来像蛤蟆或者狮子，也有人说它更像只豹子，但它究竟是何物，一直是个未解之谜。它整体呈蜷伏状，双爪并拢于前，头枕伏于双爪上，嘴大眼圆，遍身斑纹，神态警觉，身体粗壮，头顶还有一个不知作何用的环钮，匍匐的身体、圆睁的眼睛让人感觉它随时都会一跃而起进行防御。

据专家介绍，这件神秘的西汉金兽为纯金铸造，纯度高达99%。通常大家所见到的金器基本都是锤击而成的，而这件金兽却是青铜铸造工艺和金器锤击工艺相结合的产物。仔细观察能发现它身上有很多大小一致的圆形斑纹，这是

在金兽整体铸成之后，特意用工具一点一点锤击上去的。

金兽底座内壁刻有小篆"黄六"二字，你知道这两个字是

什么意思吗？

西汉金兽手绘图

## 海昏侯编钟:
## 来自汉代的好声音

元平元年（公元前74年），汉昭帝刘弗陵去世。汉昭帝没有子嗣，在大将军霍光的辅佐下，昌邑王刘贺成了汉代的第九位天子。但刘贺在位仅27天就被废，贬回封地昌邑，史称"汉废帝"。而本文的"主角"——海昏侯编钟就是从刘贺的墓中出土的。这位中国历史上第一位被臣子废掉的皇帝，关于他的谜团有很多，比如，刘贺凭什么从一众刘氏宗室子弟中脱颖而出？皇帝做得好好的，因何被废？被废的昌邑王又怎么变成了海昏侯？为什么他的墓室中会出土举世闻名的编钟等多种乐器？历史的真相或许能从史书和文物中得以窥见。

### 荒淫无道的"文艺青年"？

刘贺的祖父是汉武帝刘彻，祖母是"北方有佳人，遗世而独立"的

海昏侯墓出土的汉代青铜编钮钟。
此墓出土的编钟共计 24 件，其中钮
钟 14 件，甬钟 10 件

李夫人。李氏虽是平民，但父母兄弟皆是通晓音律的职业艺人，尤其是兄长李延年，史料中称他"善歌，为变新声……善承意，弦次初诗"，曾被汉武帝任命掌管乐府。他还擅长作曲，与文人司马相如合作，一词一曲，相得益彰，名噪天下。由此可见，刘贺出身于民间音乐世家，耳濡目染，他自然容易对音乐产生浓厚兴趣，所以他的墓中出土了编钟、编磬、丝竹、琴瑟、艺伎木俑等也不足为奇。

公元前 88 年，刘贺继承了父亲刘髆（bó）的爵位，成为西汉第二代昌邑王。元平元年（公元前 74 年），18 岁的刘贺因为"师受《诗》《论语》《孝经》"，又是嫡出，所以成为继承皇位的最佳人选，被大将军霍光拥立为帝。但不足一个月，这位皇帝又被霍光等大臣拉下了马，罪名是"荒淫无道"。班固在《汉书》中记载，刘贺"既至，即位，行淫乱"，"受玺以来二十七日，使者旁午，持节诏诸官署征发，凡千一百二十七事"。就是说，刘贺做皇帝的27天，干了1127件坏事，平均每天40多件。假如汉代有微博，他一定天天上热搜，毕竟这样的天子实在少见。

据《汉书》"爆料"，刘贺曾在服丧期间，"大行在前殿，发乐府乐器，引内昌邑乐人，击鼓歌吹作俳倡"。他把乐器发给下人，让他们练习吹拉弹唱，这简直是有失帝王礼仪。对大臣们的"吐槽"，刘贺压根不理会。大臣们见刘贺不买账，"吐槽"得更起劲儿了，你一言，我一语，刘贺听得头皮发麻，之后他做出了一个惊人的举动：在汉昭帝灵柩下葬返回之时，他直接跑去了前殿，敲打钟磬，还将泰壹宗庙的乐人沿着辇道引到牟首（上林苑的一处水池），让他们击鼓吹奏，载歌载舞。

这下，朝中大臣们都接受不了了，他们觉得新皇帝荒淫无度，荒唐至极。刘贺倒是很淡定，谁还不是个叛逆少年呢！刘贺活着的时候，曾敲打编钟挑衅朝中大臣，而他去世2000多年后，他墓室中出土的编钟又震惊了世人。

## 有钱也买不到的身份象征

编钟是我国古代最响亮的乐器之一。按乐器的材质分类，"金"是八音之首（另外七种材质分别是石、土、革、丝、木、匏、竹），而钟

海昏侯墓出土的铜铃

海昏侯墓出土的铜錞于

海昏侯墓出土的铜虡

又是金之属首。《孟子·万章下》有"集大成也者，金声而玉振之也"的记载。编钟由青铜铸成，发出的声音称为"金声"，与编钟配合演奏的乐器是编磬。磬由玉或青石片制成，敲击时发出的声音称为"玉振"，古人便用"金玉共振"来形容钟磬合奏时悦耳清脆又悠扬恢宏的音色。

不过编钟可不是有钱就能拥有的乐器。在古代，编钟一般只会出现在重大的活动场合中，如征战、朝见、祭祀时才能演奏。编钟发出的声音，正如它出现的场合那样，凝重、质朴且恢宏。若是在秦汉墓中发现编钟，那么墓主人多数是站在皇权顶端的人物。刘贺墓中出现了编钟，就因为他曾经做过皇帝，虽然只有短短27天，但也是皇权等级与权力的一个象征。

刘贺墓中出土的编钟分为编钮钟、编甬钟两大类。编钮钟就是垂挂于钟架上的青铜钟。它们的造型为平顶、凹口的合瓦形钟体，钮钟上端用一个呈倒U形钮与钟的主体相连接，这样便于悬挂在钟虡（jù）上。在钟体上，有36枚乳钉，每个钟面18枚。编钮钟的腰部微微弧突，看上去像一个刚刚成熟的小冬瓜。这套编钮钟共有14件，按从大到小的顺序依次排列，最大的约50厘米，最小的约20厘米。它们纹样统一，正面的右侧鼓部有测鼓音的纹饰标志，还使用了错金工艺，看上去极其精美。

不过，和先秦时期的曾侯乙编钟相比，海昏侯编钟的绚丽与奢华是有限度的，甚至可以说是低调的。它一改先秦时期鬼神的束缚，纹样设计不再繁复，而是变得简约朴素。编钮钟下部的纹样，采用了鸟形嫁接云纹装饰图案，构图看上去饱满而和谐，纹样与编钟的钟体非常贴合，毫无刻意的痕迹。汉代工匠让云纹与鸟的头部相结合，大胆采用了夸张与变形的表现手法，将鸟的头部进行扩大，一动一静、一张一弛，看上

左图：战国曾侯乙编钟
右图：汉代铜甬钟
先秦编钟的特点是"一钟双音"，海昏侯墓出土的编钟最大的特点则是多一堵编钟

去十分生动且富有美感。更有意思的是，编钮钟纹样的两侧，像是鹏鸟展翅，有一种一飞冲天的感觉，这个设计元素也体现了汉代人对羽化登仙、长生不老的追求。

除了 14 件编钮钟外，考古学家还在墓中发现了 10 件编甬钟，其中 3 件因年代久远而破损。编甬钟是斜挂在钟架上的，刻有宫、商、角、徵、羽五音。根据其他汉墓出土的编甬钟来看，汉代编甬钟的规格可能是 5 件为 1 套，海昏侯墓出土的编甬钟为 2 套。但经考古学家考察发现，这 10 件编甬钟的装饰纹样有几件不同，可能是墓主人按照编钟的乐悬制度拼凑的，所以不是成套的。编甬钟大小与编钮钟相仿，造型上也大体统一。专家对保存完好的编甬钟和编钮钟进行测音采样对比，发

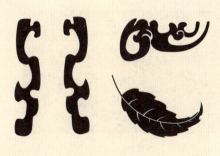

左：汉代铜钮钟
中：编钟上的云纹
右上：编钟上的云纹
右下：编钟上的植物纹饰

现编甬钟的音色和音质均不如编钮钟，虽然编甬钟通过敲击钟体不同部位可以发出双音，但双音的隔离度不明确、不清晰。

## 乐悬制度与华夏正音

上文提到拼凑编钟的问题好理解，那么乐悬制度是怎么回事？"乐悬"是指悬挂起来演奏的钟磬类乐器。先秦时期，钟磬乐悬是一个国家制度的象征，是礼乐文化的重要表现形式。从西周礼乐制度建立以后，不同等级的王公贵族在使用礼器数量、舞队规模、用乐规格等诸多方面都有严格的限制。用乐的规格数量以及排列方式可以分为四个等级：天子为宫悬，编钟、编磬、镈俱全，在东、西、南、北四面摆放；诸侯为轩悬，用乐与天子一样，编钟、编磬、镈俱全，东、西、北三面摆放；卿大夫为判悬，用乐编磬、编钟、无镈，分别摆放在东、西两面；最后诸侯之士特悬，只有编磬摆列于东面或阶间。

海昏侯墓共出土了两堵编钟、一堵编磬，由目前掌握的考古材料可知，汉代诸侯王编钟均遵循"14 件编钮钟，5 件编甬钟"的规格，而海

海昏侯墓出土的麟趾金，立体中空，底面呈圆形，空腔下大上小，重量不一

海昏侯墓内尚未清理的竹简

海昏侯墓出土的龙凤纹韘（shè）形佩，羊脂白玉，长约 15 厘米，宽 10 厘米，通体白色。玉韘由扳指演变而来，成为更利于佩戴的片状，仅器身中间留有孔洞，与最初的"韘"相同

昏侯在基础配置上还多出了 5 件编甬钟，因此有学者大胆推测这与刘贺短暂地登上过帝位有关。让我们回归史书，刘贺在被废后，霍光又辅佐汉武帝的曾孙刘询当上皇帝，就是历史上的汉宣帝。霍光死后，汉宣帝执掌大权，对这位曾经当过皇帝的皇叔，他是有防范之心的，但顾念骨肉亲情，于是在元康三年（公元前 63 年），将刘贺封为海昏侯，并赐予扬州豫章郡海昏县四千户封地，刘贺 10 多年的囚徒生涯终于结束。但封侯仅 4 年，他就因病去世了。

刘贺墓室中除了成套的钟、磬，还出土了很多瑟、琴、排箫和伎乐俑，可能他郁郁不得志的后半生是与音乐相伴的。这些乐器也佐证了汉代"相和歌"伴奏乐器及乐队编制的情况，为研究西汉时期的宫廷音乐以及流传于民间的乡野音乐提供了更多的资料，具有很高的历史价值。到目前为止，考古学家还未发现汉代中期以后成编的乐钟，汉代以后双音钟铸造技术已失传，后代所仿铸的编钟均不能与汉代的双音钟相媲美。

## 想要学会敲击编钟可不容易

早在青铜时代，我们的祖先就创造了一大批青铜乐器——铙、钲、钟、铎等，其中尤以钟最具音乐特性，在我国音乐史上占有重要地位。周代以乐器的材质为标准，将乐器分为八类，即金、石、丝、竹、匏、土、革、木，合称"八音"。编钟属金，居首位，是乐队中的主奏乐器。

不过，最早的编钟可没有这么"声势浩大"。它最初是三件一组的编铙，到了战国时期，就变成了排列悬挂于两三米高、六七米长钟架上的大型编钟。

编钟是一种敲击乐器，并且有一个特性，那就是敲击不同位置，可以发出不同的声音。正面敲出来的为正鼓音，侧面敲出来的为侧鼓音，"一钟双音"是中国先秦青铜乐器的伟大发明。不过，想要把编钟敲好，真的不容易。首先，你需要熟悉编钟的每个部位，只有敲击最佳位置，才能奏出正确音高且不带金属噪声的音乐。可以说，敲击编钟是一个"团体活动"，需要多名演奏者协同合作才能完成。

不仅如此，敲击编钟还是个"体力活"。在敲击编钟的过程中，需要不停地移动身体，以最快速度到达每口钟的最佳部位。此外，演奏者还需要同时击打距离较远的两口钟，才能完成一场编钟的演奏。

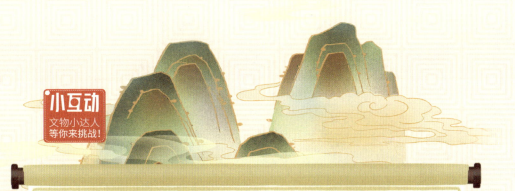

　　打击乐器历史悠久，它最早是在古人祭祀先祖或举行其他大型活动时用来烘托气氛的乐器，也经常被当作武器使用，人们会在狩猎时通过击打发出声音来驱赶大型猛兽，以免自己被攻击。打击乐器伴随着人们的生产和生活不断发展变化，它的款式也越来越丰富多样，更多新式的打击乐器为人们的生活带来新的体验。打击乐器在先秦时期发展到一个高峰，到宋代又出现一个新的高峰。下面这几种乐器中，有一个不属于打击乐器，你知道是哪一个吗？

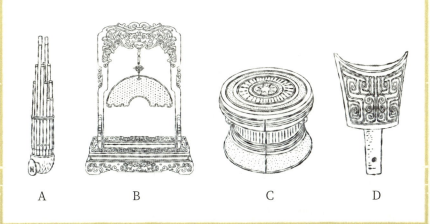

A　　　　　　B　　　　　　C　　　　　　D

# 象牙算筹：
# 两千年前也有数学课

"各位同学，现在我们打开课本，来看这一题：如果一斤丝价值240元，那么1328元能买多少丝？"看到这里，你千万别诧异，这个情景来源于2000多年前的汉代数学课堂，这个问题正是出自中国古代著名的数学专著《九章算术》。在科技发达的今天，这种运算非常简单，但是没有电子计算设备的古人是如何运算的呢？难道要掰着手指头去数吗？《周易·系辞下》载："上古结绳而治，后世圣人易之以书契。"从结绳计数到刻契，再往后出现了算筹，算筹又被算盘替代，到现在的各种电子计算设备，每一次运算工具的革新都是人类文明进步的标志。从古至今，计算方式一直在不断变化，但是，其中延续使用的运算法则，至今仍在影响着全世界。

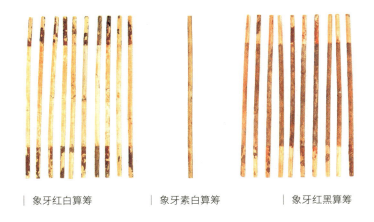

| 象牙红白算筹 | 象牙素白算筹 | 象牙红黑算筹 |

## 汉代的算筹

　　早在春秋战国时期，古人就已经不跟自己的手指较劲了。他们为了将数字这么抽象的概念表现出来，就制作出了一些小棍子，并且给这些小棍子取了一个高大上的名字：算筹。古人发明算筹的灵感来源于用来占卜的蓍（shī）草。只不过蓍草长短不一，而算筹必须长短一样。汉代许慎在《说文解字》中记载，筹，"壶矢也。从竹，寿声"，算（suàn），"长六寸。计历数者。从竹，从弄。言常弄乃不误也"。

"筹"原来是指投壶所用的箭，而"算"在汉代作"算"，读音相同，于是"算筹"指的就是便于计算的竹棍子。当然，也有一些人家为了彰显身份或让自己的算筹看上去精致一些，就用了兽骨、象牙、金属等材料。无论采用什么样的材料，都不会影响算筹的正常使用。

　　原本人们以为对算筹只能停留在对历史文物的想象中，可谁能想

| 汉代象牙算筹，现收藏于陕西历史博物馆

到，在陕西旬阳境内发现的一座楚国墓葬带给了人们惊喜。在佑圣宫一号汉墓的墓室中，出土了大量异常精美的文物，在这些文物中，一堆散落在墓室耳室东南角处的象牙小棍引起了考古专家们的浓厚兴趣。

白色的象牙小棍虽然已经散落，但堆放得特别整齐。考古专家推断，这些象牙小棍原本是被捆扎在一起的，只是用于捆扎的绳子因为年代久远而腐烂了。它们总共有28根，每根直径0.4厘米，长13.5厘米，粗细均匀，长短一致。最初，考古专家以为这些象牙小棍是类似于筷子的餐具，后来经过大量的研究和对考古资料的分析，确定了它们是汉代的算筹。而《汉书·律历志》中的记载更是提供了有力证据："其算法用竹，径一分，长六寸，二百七十一枚而成六觚，为一握。"汉代六寸为现在的13—14厘米，长度完全与出土的这捆算筹一致。但遗憾的是，目前考古尚未发现以完整的271根为一个单位的算筹。

因为生活中的点点滴滴都离不开数学，所以古人常常将成捆的算筹随身携带以方便计算，跟我们现在动辄打开手机中的计算器一样。他们往往将算筹扎好放进算袋中，然后挂在腰带上，《旧唐书·舆服志》中有文官一品以下"带手巾、算袋"的记载，这说明算袋是当时不可缺少的物件。需要用的时候，人们就在地上、桌上等方便的地方依次摆放算筹。

史料记载，汉代的算筹一般以271根为一个单位，而目前发现的这一整套算筹，只有28根，那些动辄上千的数字，该如何运用算筹来计数呢？其实，算筹计数分为纵式与横式两种方式。在纵式中，表示1—5的时候，竖着1根小棍表示1，竖着2根小棍表示2，竖着3根小棍表示3，竖着4根小棍表示4，竖着5根小棍表示5；而6—9则用一根横着的小棍和相对应竖着的小棍共同来表示，那根横放的小棍就代表5，不够的数字用竖放的小棍来补充。横式则与之相反。有一点很重要，在表示一个完整数字的时候，即使是表示多位数，使用算筹的数量

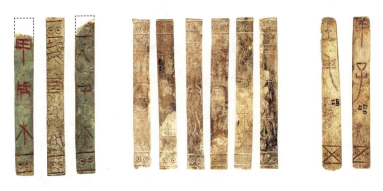

山西省文博单位收藏的干支五行骨筹

也不能超过五根。在表示多位数的时候，个位用纵式，十位用横式，百位用纵式，千位用横式，以此类推，遇到中间有"0"的时候，就将它空出来，用空位表示。这样一来，就算是一亿，也能用算筹表示出来。比如，表示2021，个位是纵式的1，十位是横式的2，百位是0，空出来，千位是横式的2。

## 筹算大师运"筹"帷幄

算筹不但能用来计数，还可以用来计算，也叫作筹算。筹算的方式很独特，其原理完全遵循现代数学的十进制，满十进一，满二十进二，以此类推。筹算加减法，先将位置对齐，即个位对个位，十位对十位，从左往右，由高位数算起，这与现代数学的加减法运算正好相反，现在的加减法从右向左，由低位数算起。筹算乘除法要比加减法复杂一些，但是只要根据基础的原理，灵活挪动算筹，那么运算结果就可以直接显

河北省柏乡县文物保管所收藏的象牙干支筹

示出来。曾经还有专家做过一个测试：据说一个能熟练运用算筹的人，可以在几秒内就计算出两个四位数的相乘结果。

此外，天文学、地理学、土木工程学也都离不开算筹，比如土地开垦、粮食置换、徭役安排等。有算筹存在，必定就会产生"算筹大师"。汉代最有名的"算筹大师"非张良莫属，他被赞为"运筹帷幄之中，决胜千里之外"。"运筹"一词就是从这里来的。

故事还得从公元前 204 年说起。当时项羽的楚军将荥阳围困，而刘邦正被困在荥阳，为了阻挠项羽接下来的行动，刘邦着急上火，连饭都吃不下。这时候，谋臣郦食其来了，刘邦便跟他商量对策。郦食其建议刘邦先重新封立六国的后代，借助六国君臣以及百姓的力量去削弱楚国的势力，再施仁政，推行德义，这样就可以降服项羽啦！郦食其三言两语就消除了刘邦内心的焦虑不安，刘邦认为郦食其有谋略，就封郦食其为使者，让他去办拥立六国后代这件事。

郦食其走后，刘邦正好饿了，他要了一桌子菜正准备好好吃一顿，这时张良进来了。他听刘邦说完郦食其的计策后，脸色都变了，张良随手拿起桌上的筷子，将它们充当起了算筹，一下子罗列出好几个理由来驳斥郦食其。最后，张良还不忘说句狠话："郦食其献的计策，就是亡国之策。"张良最终成功"劝退"了郦食其，这全靠他运"筹"帷幄，有理有据地摆事实、讲道理。可见，这算筹小小的身量，也曾撼动过历史的政治舞台。

可以肯定的是，算筹是汉代人不可或缺的日用品，更是古人智慧的结晶。到了明代，算筹已经完全被算盘取代。如今，各种先进的计算工具层出不穷，算筹早已被淹没在历史尘埃中。但是需要记住的是，无论科技如何发展，计算的工具是算盘也好，是计算机也罢，它们的计算原理都来源于算筹，算筹的十进制算法始终都是我们学习数学的基础。

## 康熙年间竟已有计算机

你知道吗？在康熙年间，人们已经开始使用计算机了。计算机的制作技术由传教士引入我国，而后由宫廷造办处制作，包括盘式和筹式两种，可开展多种数学计算。

故宫博物院收藏的铜镀金盘式手摇计算机为黄铜制作，长 55.5 厘米，宽 12 厘米，高 4.8 厘米，由 10 个圆盘组成。每个圆盘由面盘、底盘及底部的齿轮组成。面盘大部分位置是固定的，仅下部的铜质拨挡片可移动。

中央刻有表示数位的汉字，从左到右分别为拾万、万、千、百、十、两、钱、分、厘、毫，分别表示从十万到十万分之一的数位，周边是一至九的刻度。

而故宫博物院藏的纸筹式计算器，长 16.7 厘米，宽 8.7 厘米，高 5 厘米。铜轴共有 10 对，每对可用于一位数计算，因而该计算机可用于十位数计算。每对铜轴上下排列，轴一端均有一个六齿齿轮，且上下齿轮之间还增设一个六齿齿轮，与上下齿轮啮合。上、中、下的齿轮啮合，使得转动任一铜轴齿轮后，可带动另一个铜轴的齿轮同向转动。

使用时，用钥匙插入计算机前的小孔内，旋转一个铜轴的齿轮，带动两个铜轴转动，则纸筹的数字不断变化。当各个铜轴上的纸筹转动到已知数后，就可以按照纳白尔算筹方法读出对应的结果。

想不到吧，康熙年间竟已在使用计算机了，是不是很神奇？这不仅是东西方文化交流的产物，也是人类科学文明的见证。

　　"算盘"与"珠算"被誉为中国的"第五大世界发明"。直到现代，算盘仍为人们广泛使用。除了我们常见的长方形算盘，还有很多其他样式的，比如戒指算盘。戒指算盘体积小，由纯银打造，是一种可以镶嵌在戒指上的微型算盘，因为过于微小，所以使用时只能用发簪去拨动算珠。还有一种特殊的圆算盘，一共有300颗算珠。它主要的功能有三种：一是供人们休闲娱乐、缓解疲乏，制定一定的游戏规则，互相斗智取乐；二是可以作为艺术作品悬挂于室内，供友人欣赏，团团圆圆寓意吉祥；三是作为卜算工具，根据太极八卦推导吉凶祸福。了解了算盘的知识，现在考考你，你知道因著有《算法统宗》一书而被誉为中国"珠算鼻祖"的是哪一位数学家吗？

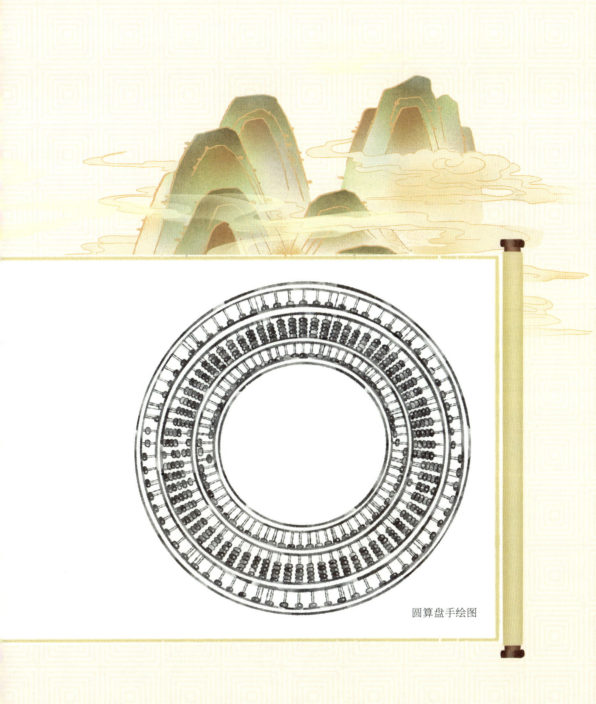

圆算盘手绘图

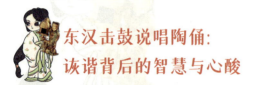

# 东汉击鼓说唱陶俑：
# 诙谐背后的智慧与心酸

在汉代川渝地区繁华的街市上，随处可见这样一群人：他们身材短粗，穿着打扮十分俏皮，手里还拿着一个圆鼓，嘻嘻哈哈地穿街走巷，眼巴巴地看着街市上来来往往的客官。一旦被人叫住，他们就要将手里的圆鼓摆好，一边用鼓槌敲击，一边说唱。这就是早期的"rap"。在汉代，它可是很流行的艺术形式。

不过在汉代，"rap"可不是想唱就能唱的，它由专门从事这种职业的人来说唱，这种人被称为"俳优"。"俳"指的是诙谐滑稽的表演，"优"指的是演员。"俳优"，便是指以言语技能见长、表演夸张滑稽的艺人。在汉代，俳优可是很受欢迎的。据《汉书》记载，汉武帝就很喜欢俳优，"俳优朱儒之笑不乏于前"，丞相田蚡"爱倡优巧匠之属"。于是上行下效，汉代刮起了一阵"俳优风"。很多王公贵族都以蓄养俳优为荣，家里有俳优，便是身份高贵的象征。因此，在民间也有不少俳优形象的陶俑，它们击鼓说唱的模样栩栩如生。

## 幽默的智慧

被称为"中国第一俑"的东汉击鼓说唱陶俑目前藏于中国国家博物馆，是国家一级文物。这个说唱陶俑就是典型的俳优形象：头上戴着一顶小帽子，前额系了一个花结；上身赤裸，两臂戴有璎珞珠饰，下身却穿着肥大宽松的裤子；两脚光着，肩膀高高耸立，左臂抱着一个圆鼓，右臂高高扬起鼓槌。

东汉击鼓说唱陶俑，其模样甚是有趣

最让人难忘的，还是它那夸张的表情：眼睛笑得眯了起来，大张着嘴，嘴角向两边咧开。因为一直在说笑，它面部的"苹果肌"上扬，鼻梁上那颗原本不起眼的痣好像也随着表情的变化而上下移动。它高耸着肩膀，挺着肥硕的肚子，右脚还翘了起来，可是有一处显得极为不协调，那就是它额头上几道又深又明显的皱纹。这些

马王堆一号汉墓出土的彩绘木俑

皱纹是俳优长年累月为了生活奔波劳碌，岁月在它的脸上留下的烙印。它的表情越是滑稽可爱，额头上的这几道皱纹就越让人感到心酸。

不过，就算是生活在社会底层，照样会有一些俳优成为历史舞台上的佼佼者。司马迁在《史记·滑稽列传》中对他们有着极高的评价，称他们有"不流世俗，不争势利"的高贵精神，并且绘声绘色地描写了他们非凡的讽谏才能。原来，俳优并非只会搞笑，他们还会用幽默诙谐的说唱方式劝谏君王大臣，比如正话反说、反话正说，其中最具代表性的当数优孟和优旃（zhān）两个俳优。

先说优孟，因为他名气最大。历史上有个典故叫"优孟哭马"，这个故事听起来特别滑稽。据说在春秋时期，楚庄王有一匹好马，很是珍爱，他经常给马穿上绫罗绸缎，还把这匹马安置在华丽的宫殿里，专门给它准备了一张床作为卧席，每天用枣脯喂养它。结果这匹马越吃越胖，最后病死了。楚庄王伤心欲绝，要将他的宝马以大夫的规格厚葬，这真是闻所未闻。楚庄王身边的大臣都觉得此事不妥，于是进谏。楚庄王哭着说："你们这些没良心的！我的宝马都死了，你们还不让我为它厚葬，再劝我，我就杀死了你们！"此时，优孟出现了。他一见到楚庄王，就失声大哭："大王啊！您的宝马死得好惨哪！这堂堂大楚国，地大物博，您干脆用君王的规格来安葬它吧！"楚庄王一听，顿时大喜："快说说看，如何安葬？"优孟回答："先用雕刻好的美玉做副棺材，用上等的梓木做外椁，再用贵重木材进行装饰。这还不够，您得派几千名士兵去挖掘坟墓，让老人和孩子背土筑坟，再让齐国和赵国的使节在

陕西咸阳阳陵出土的西汉彩绘陶鸡。公鸡（左图），高 15 厘米，长 15.5 厘米，母鸡（右图），高 12 厘米，长 15 厘米

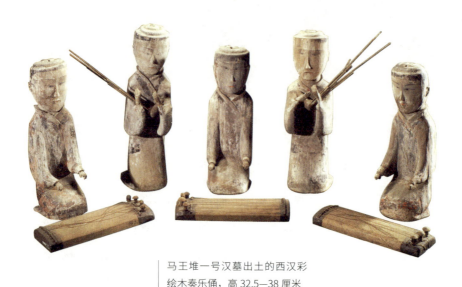

马王堆一号汉墓出土的西汉彩绘木奏乐俑，高 32.5—38 厘米

前面陪葬，韩国和卫国的使节在后面护卫。安葬完毕，您再为它建立寺庙，用一千头猪、牛、羊的太牢礼来祭祀它，并且安排一座万户的城邑进行供奉。如果各国诸侯听说大王这样厚待自己的宝马，一定都会感动，原来大王把人看得如此低贱，却可以对自己的宝马如此珍视……"还没等优孟说完，楚庄王已经无地自容了，而厚葬宝马这件事，也就此作罢。

还有一名俳优叫优旃，他本是秦国人，秦二世被杀后，他就归顺了汉朝。优旃最擅长的事情便是搞笑逗乐，不过他的笑话都很"高级"。司马迁在《史记·滑稽列传》中赞他"善为笑言，然合于大道"，他的笑话中竟然还蕴含着大道理。

秦始皇时，一次宫中设置酒宴，那天正好下了暴雨，侍卫们却只能淋雨站岗。优旃看不下去了，先去跟侍卫们商量："假如你们不想这么辛苦地站岗淋雨，一会儿我叫你们，你们就要大声回答哦！"侍卫们答应了。优旃去了酒宴，见大臣们都在给秦始皇祝酒，就靠近栏杆大声喊道："侍卫们！"侍卫们赶紧回答："有！"优旃继续大声说道："你们虽然长得高大，但是没有什么实际的好处，只能站在露天处淋雨，我虽然长得矮小，却有幸在大殿内休息。"秦始皇一听这话就明白了，于是就准许侍卫们减半值班，并轮流换岗。优旃不仅说笑劝谏秦始皇，他连秦二世也没放过。某天，秦二世突发奇想，说要用漆涂饰城墙，优旃说："陛下机智。即使您不说，我也要劝您这样做。漆城墙虽然会给老百姓带来愁苦，但是涂了漆的城墙多美呀！城墙涂得漂漂亮亮的，敌人来犯也爬不上来！您想要涂漆很容易，但难办的是要找一间用来阴干的大房子。"秦二世臊得满脸通红，果断取消了这个计划。

## 卑微的地位

可是像优孟、优旃这样的俳优在历史上毕竟是少数，更多的俳优如这个东汉击鼓说唱陶俑一样，生活在社会底层，通过走街串巷获得微薄的收入。司马相如曾经说过："俳优侏儒，倡乐可狎玩者也。"简单的几个字，却充分体现出俳优的卑微地位。这件东汉击鼓说唱陶俑出土于四川成都天回山，而川渝地区自古以来依靠特殊地形自成天地，川渝地

| 汉代彩陶人物俑

区的百姓生活得轻松又闲适，娱乐活动多种多样。观看俳优击鼓说唱是他们最为流行的娱乐活动。因为除了击鼓说唱陶俑外，在保存至今的东汉时期的画像石《乐舞百戏图》中，我们也能看到一些与击鼓说唱陶俑形象相似的俳优。他们同样有着短粗的身材，赤裸着上半身，动作夸张又搞笑。而在另一些出土的汉代陶楼中，我们也能见到上面雕刻着俳优演出的画面。这件东汉击鼓说唱陶俑原本是汉墓中的陪葬品，墓主人生前一定很喜欢俳优表演，所以离世后希望在另一个世界依然能看到俳优为他击鼓说唱。

击鼓说唱陶俑的出土，改变了我们过去对秦汉时期随葬品以兵马俑、随侍俑为主的观念，它从侧面反映了东汉时期丰富多彩的社会生活。它不只是一个具有时代特色的雕塑品，在丰富陶俑历史的同时，它也为我们再现了东汉时期川渝地区的戏曲文化。这件中国古代艺术品承载了千年文化的积淀。

## 汉代的表演艺术

随着汉代经济文化的发展，人们的思想越来越开放，表演艺术也不再拘泥于商周时期的礼乐制度，而是以丰富多彩的形式展现出来。用我们现代人的话说就是：怎么开心怎么来。

在一些出土的陶俑、画像石等文物中，我们可以看到很多汉代流行的表演艺术形式。除了最出名的歌舞，汉代还出现了杂技、幻术、角抵、驯兽等精彩节目。尤其是杂技，比我们在影视剧中看到的惊险得多，有倒立、扛鼎、跳丸、跳剑、悬盘、顶碗、耍坛、跟挂、蹴鞠、弄杖、车技等。

在这些汉代的表演场景中，自然少不了"击鼓说唱陶俑"的身影。他们被称为俳优，以乐舞戏谑为职业。除了像"击鼓说唱陶俑"这样边击鼓边唱歌，他们还要专场表演"俳优侏儒戏"。在这些表演中，侏儒俳优们可不是"小透明"，他们也是有歌有词的人。尤其是在一些汉代的画像中，这些侏儒俳优还是女舞人的伴舞呢！他们往往上身袒露，形象滑稽地在一旁插科打诨地跳舞，或者是给舞蹈加上一些杂技动作，看上去特别有趣。

　　每个朝代的俑都有自己独有的气息,当你用心去审视它们时会发现,它们都在用自身的语言、色彩、动作甚至细微的表情,向后人诉说着被历史掩埋的秘密。秦俑一般是兵马俑,所以面容中会流露出秦人独有的威严与从容;汉俑受社会风气的影响,题材丰富,艺术表现形式多种多样,但是与秦俑相比气魄不足;唐代女士俑表现为身材丰腴。细心观察,能从它们各自的特征判断出所属朝代。你能根据以上信息,猜出以下哪幅图是汉俑吗?

A        B        C

| 内蒙古呼和浩特和林格尔汉墓出土的壁画《舞乐百戏图》（局部）

第三章

未『说』出的秘密

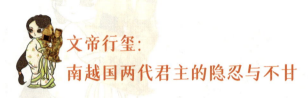

# 文帝行玺：
# 南越国两代君主的隐忍与不甘

西汉初建时，一个人始终是汉高祖刘邦的心腹大患，他就是南越国武帝赵佗。楚汉之争刚刚开始时，整个中原大地处在群雄逐鹿的滚滚硝烟之中。赵佗趁机在岭南自立为王，创立了政权，建立南越国，实行"偏霸"的策略。

刘邦称帝后，南越国的存在让他非常担忧，但因民生凋敝、国力不足，他只能一边安抚，一边武力防范。而赵佗对刘邦也是若即若离。待北方乱局逐渐平定之后，刘邦决定派陆贾说服赵佗归顺朝廷。而此时的南越国同样困难重重，为保南越国平安，顾全大局的赵佗决定与汉和解。他欣然接受了汉高祖刘邦赐予的南越王印，剖符通使，称臣纳贡，双方开始正式的贸易往来。

| "泰子"金印

| 右夫人玺金印

## 汉代时期的"一国两制"

这种和谐的氛围并没有维持太久，刘邦死后，吕后专政，她对南越实行封锁，双方关系迅速恶化。吕后的性格与刘邦不同，她向来强势霸道，对南越国采取禁绝关市等政策，这下把赵佗惹急了，彻底跟汉决裂。吕后盛怒之下直接毁掉了赵佗父母在中原的坟墓，同时派兵讨伐南越。赵佗趁机发兵，并力挫汉军南下的攻势，声望大增，四方的百姓都来归顺他。而这时，吕后突然离世，南越国这个烫手的山芋只能由汉文帝刘恒接手。

这是汉文帝继位后遇到的一个比较大的挑战，一旦处理不好，后果不堪设想，不仅会影响国家统一，甚至会危及他的帝位。汉文帝刘恒，是刘邦的第四个儿子，他的母亲薄姬当年只是刘邦的一个嫔妃，地位不高，所以汉文帝从小就不太受重视。正因如此，汉文帝的性格温和低调，继位后的他也非常宽厚，在位期间一直主张施行仁政。

这样一位看似温和实则能力非凡的皇帝，在处理与南越国的关系上，表现出了高超的政治智慧。他仔细分析了赵佗称帝的原因，认为他并非有意为之，于是决定攻心为上。

他先命人重修了赵佗父母的坟墓并派兵守护，定期维修，甚至逢年过节举行祭祀活动，同时提拔重用赵佗在中原的亲属，让他们入朝为官。随后，他派遣赵佗的老熟人陆贾出使南越，并给赵佗带去了一封亲笔信，信中言辞恳切，给赵佗分析了战争的利弊。动之以情，

陕西咸阳韩家湾狼家沟
出土的皇后之玺

晓之以理，汉文帝公开承诺，如果赵佗肯撤销帝号，重新接受汉王的分封，朝廷就答应"服领以南，王自治之"，这就类似于现在的"一国两制"。这种做法充分体现了汉文帝的高明之处，软硬兼施，恩威并济。经过仔细权衡，赵佗决定接受汉文帝的建议，他主动放弃"南越武帝"的称号，重新被封为南越王。赵佗在汉武帝建元四年（公元前137年）去世，一生都以汉代藩属的身份守护岭南，做到了对汉文帝的承诺。可是，实际上赵佗并没有彻底死心。据《史记·南越列传》记载："然南越其居国窃如故号名，其使天子，称王朝命如诸侯。"

## 一枚金印背后的故事

1983年，广州南越王墓被发现。它是目前岭南地区出土的等级最高、规模最大、保存最完好、随葬品最丰富的汉代墓葬。墓主人为南越国的第二代君主，赵佗的孙子赵眜（史料多作赵胡）。据《汉书·西南夷两粤朝鲜传》载，这位南越国第二代君主赵眜曾僭越称帝。考古专家进入墓室后，在赵眜的遗体上发现了9枚印章，其中，有金印2枚、玉印5枚、绿松石印2枚。最引人注目的当然是那2枚金印，其中的一枚方形龙钮金印看上去非常霸气，它是在墓主人赵眜的胸部发现的。金印由黄金铸造，印面有田字界格，阴刻篆书"文帝行玺"四个字，书体工整，刚健有力。"文帝行玺"四个字笔画的纹道很深，犹如一条直沟，沟壁垂直光滑，这表明印文是铸后加工刻凿的。沟底布满了一条条等距的小划痕，这是用力凿刻留下的痕迹。仔细看，这枚"文帝行玺"的印面槽沟内及印台四周壁面都有碰痕和划伤，并且遗留了一些红色印泥。显然，这是长期使用所致，说明这枚金印是墓主生前经常带在身边使用的。

金印的这些细节验证了赵眜曾僭越称帝的史实，不过最值得称赞的还是这枚金印的外形，它实在是太酷了。这枚"文帝行玺"的印钮是一条游龙，而龙的形象在古代只有帝王可用，是身份与地位的象征。这条金印上的游龙，柔韧性极佳，盘曲呈S形。龙头伸向一角，龙身上的鳞片和爪是在铸成以后凿刻出来的。龙腰微微隆起，可以用来穿印绶。考古专家用电子探针测定了一下，这枚金印的含金量达98%，印面边长

南越王墓出土的"文帝行玺"金印及印文

3.1 厘米、宽 3 厘米，通高 1.8 厘米，重 148.5 克，是迄今为止最大的西汉金印，也是唯一的汉代龙钮玺印。

自赵佗开始，南越一直臣属于汉，所以赵眜只能算是空做皇帝梦了。同样是"文帝"二字，意义却大不相同，"文帝"是刘恒的谥号，是他去世以后，世人对他的称颂；而"文帝行玺"中的文帝是赵眜给自己封的尊号，可能是他想自我陶醉，偷偷过一把当皇帝的瘾吧。

这件"文帝行玺"的出土，不由得让人想起有关印玺的一些细节。秦汉时期，正式的印玺制度已经形成，以官印的尺寸和材质作为划分等级与用途的标志。简言之，官职越大，官印越大，权力越大。帝王作为最高权力的拥有者，使用的自然是最高级别的官印。他们有专用的"六玺"，均为玉螭虎钮，印文分别为"皇帝之玺""皇帝行玺""皇帝信玺""天子之玺""天子行玺""天子信玺"。印文不同，使用的场景也就不同。能与皇帝使用同样规制印玺的，只有皇太后和皇后。诸侯王的印虽然可以用"玺"这个印文，但规制明显小于帝王的印玺，不仅印面要小一些，就连材质都有严格要求，不能使用玉，只能使用黄金制。列侯、丞相、大将军等人使用金印龟钮，印文只能被称为"章"。就这样，一层层的等级区分，到了最小的官吏，有人只能使用半个章，甚至连章都不配拥有。如此严格的印玺制度，保证了国家颁发公文的严肃性和有效性。比如，在传输公文的时候，就可以防止有人伪造。至于私印，自然是民间百姓、艺术家们的小爱好，它们与官印有着明确的区分，只要不逾矩，人们就可以在私印上做足"小文章"。

汉代龟钮"大刘记印"
玉印及印面

因为没有政治作用，私印可以充满意趣，在小小的方寸之间融入民间艺术家的奇思妙想。比较有名的，比如朱白相间印、回文印、四灵印等，这些私印反而让印章的刻制成为一门独特的艺术。

了解了汉代的印玺制度后，我们再回看南越国第二代君主赵眜的这枚"文帝行玺"。它一方面遵循了汉代诸侯王使用黄金印的规制，另一方面在尺寸、印钮、印文上有了僭越。或许从这些细节中，我们可以洞悉两代南越王内心的隐忍与不甘。而这原本在封建社会中央集权制度下产生的印玺制度，延续到了现在，我们的社会生活依然保留了它的合理性。比如，单位专用的公章、签合同时使用的骑缝章，以及代表个人真实身份用来多重验证的个人印鉴章等，这些都是历史传承下来的有秩序且给我们带来便利的社会规范。

## 汉代的皇帝共有"六玺"

"玺"是中国古代标志着国家权力的信物，而它的拥有者自然是帝王。从古至今，无论古代小说，还是现代影视剧，每当皇帝的儿子或大臣们相互争夺皇位时，总是要跟玺较劲。只是你知道吗？汉代的皇帝可不止一个玺，他们的玺多达六个，也就是秦汉时期确定的"六玺"制度。只不过这六玺有着明确的分工哦！六玺被分为两类：一类是"皇帝三玺"，另一类是"天子三玺"。

"皇帝三玺"又被细分为皇帝之玺、皇帝行玺、皇帝信玺。它们都被汉代帝王用于内政，比如，皇帝之玺在给诸侯王写信下圣旨时使用；皇帝行玺在册封诸侯王臣、审理皇亲国戚的案件时使用；而皇帝信玺一旦使用就很严重了，因为它是用来发兵讨伐大臣的。

"皇帝三玺"被用于内政，"天子三玺"则被用于外交。"天子三玺"分别为天子之玺、天子行玺、天子信玺。天子之玺用于外交文书，比如给外国的帝王写信或者发则公告；天子行玺主要用来征召外国大臣；天子信玺则用来发外国兵以及事天地鬼神。

六玺中的任何一玺，在古代都是极为神圣的。比如，汉代被吐槽最多的皇帝刘贺，他有一条罪状就是"受皇帝信玺、行玺大行前，就次发玺不封"。以霍光为首的群臣指责刘贺在汉昭帝灵柩前接受了皇帝信玺以及皇帝行玺，回到他的住所后，没有及时将打开的玺加以封装，于是这些大臣认为刘贺对玺不够敬重，为君不够谨慎。

　　汉代有等级分明的印玺制度，官越大，印玺的材质越稀有珍贵。因此，可以根据一枚印玺的材质、尺寸和印文推断出使用者的身份和地位。除了金玉材质的官印，还有银质官印、铜质官印等，不过到目前为止被发现的银质官印比较少，而铜质官印较多，这可能跟使用者的人数有关。在汉代，持铜印者是级别两千石以下的官吏，这个级别的官员人数众多，所以有幸保存下来的铜印数量也多。一枚官印不但能反映一个朝代的政治情况，还能反映出当时的文化和工艺情况，成为我们学习和了解整个历史时期不可或缺的一部分。

　　下图中的印玺与印文略带秦篆的圆转之势，书法精湛，字体浑厚，苍劲有力，堪称汉代印品中的精品。你能认出印玺上的字吗？

# 长毋相忘铭合符银带钩:
# 延续千年的誓言

　　在汉代的长安城里，人们常常会见到一些王公贵族与文人武士穿着漂亮的绫罗绸缎，风度翩翩地走在大街上。他们的腰带上挂着玉佩、香囊等饰物，但最显眼的往往是那枚将腰带系起的带钩。

　　带钩起源于西周，大多是用青铜铸造而成，当然也有金、银、玉、铁等材质的。为了做一个精致的超级美男子，那些王公贵族会挖空心思地在带钩上贴金、镶珠宝、嵌玉石，使带钩变得奢华无比。可是，你见过藏着秘密的带钩吗？

## 藏在带钩里的含蓄表白

　　这件藏着秘密的带钩长 3.7 厘米，高 1.8 厘米，大小相当于现代女生夹在头发上的发卡。普通的带钩往往是一个整体，中间不能分开，但这件带钩的外形很特别，它与兵符的构造很像，居然可以从中间被分为两半，也可以利用内侧的铆钉扣紧，合成一钩。如此精密的设计，只是为了隐藏一个秘密，而这个秘密就刻在带钩内侧的铭文上，字体为小篆，凸面是阳文，凹面是阴文。这是一句来自2000多年前的定情誓言——"长毋相忘"。

"长毋相忘"这句誓言翻译成现代汉语，就是"长相思，勿相忘"。不过，这件带钩的主人有点害羞，她并不想将这句誓言昭告天下。或许在日常生

长毋相忘铭合符银带钩（外观）

长毋相忘铭合符银带钩（内里）

活中，她也不会把这句话挂在嘴边，而是选择把这份真挚的情意藏在心间，刻在了最为日常的带钩中间。只要想起来了，她便悄悄地抚摸一下腰间的带钩，铭文上的"长毋相忘"四个字就会涌上心间。只是如此含蓄的表达方式，不像是汉代人的作风。

汉代经济较发达，人们的性情大多奔放张扬，有点想法就恨不得让全世界都知道。比如，他们想寄托自己的相思之情，就直接在铜镜上写道："见日之光，天下大阳，服者圣王，千秋万岁，长毋相忘。"这是向对方表白非常直接的方式。又或者是为了表达自己讲诚信，他们干脆刻个"诚信"信印，以此来约束自己。若想暴富，他们就会在铜镜上的纹饰中刻下"福贵安"三个字。至于爱情，汉代人更是敢于表达。最经典的莫过于《汉乐府》中的"山无陵，江水为竭，冬雷震震，夏雨雪，天地合，乃敢与君绝"。不仅是诗歌，汉代著名的爱情故事也很多，比如金屋藏娇、文君夜奔、故剑情深……可为何到了这件带钩的主人这里，就表达得这么含蓄呢？或许，这与带钩主人的身份有关。

### 人如其名的墓主

这件长毋相忘铭合符银带钩，出土于西汉江都王刘非的第十二号陪葬墓，它的主人是刘非的妃子淳于婴儿。

这件带钩低调奢华，乍一看，它的外貌并不突出。带钩的钩首是一个简化的龙头，这个龙头的眼睛是鼓出来的，双耳挺立，似乎在仔细聆听带钩内壁的悄悄话。钩身上装饰着汉代独有的典型云纹，云纹处有镏

| 汉代玉带钩

金。2000 多年前，它曾系在这位名叫淳于婴儿的美人身上。与历史上大多数后宫佳丽一样，淳于婴儿在历史上鲜有记录，好在文物的出土佐证了她的存在。考古专家在大云山汉墓第十二号陪葬墓里，曾发现一枚双面刻铜印章，一面刻着姬妾的号"妾胜适"，另一面刻着她的姓名。

"淳于"是复姓，婴儿是名字。这不禁让人猜想，这位姬妾生前应该是位大美人，皮肤像小婴儿一样白皙娇嫩，不然，她怎么会拥有这样的名字呢？这件长毋相忘铭合符银带钩与证明她身份的双面刻铜印章同时出土，带钩上的铭文展现了这段不愿为世人知晓的爱情。

## 延绵千年的爱恋

淳于婴儿是江都王刘非的姬妾，《汉书》中关于刘非的记载仅寥寥数行，其中，"非好气力，治宫馆，招四方豪杰，骄奢甚"，足以说明刘非是个骁勇善战的盖世英雄。他是汉景帝的第五个儿子，也是汉

五代卫贤的《高士图》（局部），长 134.5 厘米，宽 52.5 厘米。
此图描绘了古人婚后举案齐眉的生活场景

武帝刘彻同父异母的兄长，比刘彻年长12岁。早在汉景帝二年（公元前155年），刘非就被立为汝南王。到了第二年，汉代爆发"七国之乱"。这是一次诸侯国的叛乱，打的名号是"清君侧"。而真实的原因是汉景帝当年采用了晁错的"削藩策"，先后下诏削夺了楚、赵等诸侯国的封地，这等于动了各位诸侯王的奶酪。正当诸侯王们气得鼻子冒烟时，吴王刘濞起了个头，他联合其他六位诸侯王一起造反。正当汉景帝焦头烂额之际，刘非站了出来，年仅15岁的他主动上书，请求上阵杀敌。汉景帝内心虽有不舍，但还是答应了他的要求，并赐给了他将军印。

刘非还真的是战场上的英雄，他奋勇作战，在战场上节节胜利，屡次立下战功。汉代多有战事，前有文景之时的内乱与外乱，后有武帝用兵南越、北征匈奴，大多数男丁都随军出征。这些将士在沙场上浴血奋战，而在他们的身后，是来自家乡或者深宫内的无尽牵挂。古诗云："烽火连三月，家书抵万金。"战乱时期，保命都难，家书更是难以送达军营。于是，在这些将士出征前，家人会给他们带上一些富有纪念意义的信物。在这些信物上，频频出现了表达相思的祝福语，其中，"长乐未央""长毋相忘"几乎成了最为普遍的寄语，而带有这些铭文的铜镜与带钩，自然也就成为男女之间最为流行的定情信物。

战场无情，随时都会面临危险，何况此时的刘非才15岁。据史料记载，汉代人结婚都很早，男子初婚在15—18岁，而女子则更早。可能在刘非出征之时，他就已经与淳于婴儿成婚，他们之间的感情无比深

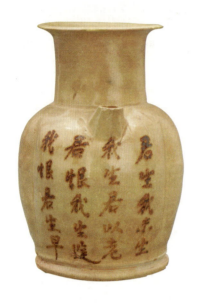

唐代青釉褐彩"君生我未生"诗文壶。
无论哪个朝代，人们都对爱情寄托了
美好的向往

厚。即使生在皇宫，他们也渴望拥有世人的爱情。他们害怕战乱将彼此分开，于是在这件带钩上铭刻了他们最真挚朴实的约定：长毋相忘。

所幸这场叛乱在 3 个月内就被平定，刘非大胜归来。他被转封为江都王，国都广陵（今扬州），前后镇守江都 20 多年，并且因军功受赐天子旌旗。其实在"七国之乱"前后，汉武帝的兄弟们个个都被封王，只是所封的王国地盘都不大，刘非算是个例外。

刘非当时所管辖的地方为三个郡，有 53 座城市，世人皆说他"地方千里，连城数十座"。汉武帝继位后，对这位骁勇善战的兄长很是敬重。然而此时的刘非不仅封地大，且已有一定的势力，这不由得让汉武帝有些担心。《汉书》中还称刘非不光骁勇善战，还喜欢广交天下英雄，万一"搞事情"怎么办？为此，汉武帝想了一个主意——给他的这

清代淡黄地粉彩蝴蝶八喜字纹盘

位哥哥找个老师，好好教育他，同时监视他。

汉武帝派的这位老师正是当时鼎鼎有名的大儒董仲舒。刘非15岁就征战沙场，他怎么会猜不透汉武帝的心思！于是，刘非对董仲舒无比尊重，而董仲舒也时常用儒家的仁义之道去规劝刘非，还对他的言行进行了管束。刘非很虚心，他完全采纳了董仲舒提出的"独尊儒术"等一系列治国方略，恪尽职守，忠君爱国，还改掉了许多皇室贵族的不良作风。如此一来，刘非才得以善终。他在汉武帝元朔元年（公元前128年）十二月病故。

刘非离世后，因为他生前骁勇善战，恪尽职守，汉武帝给了他最高等级的墓葬待遇。他的墓室规模巨大，实属罕见，出土了无数珍宝，可见刘非生前何等风光。据考古专家分析，原本这件带钩是男女各执一半

陕西省淳化县云陵出土的长
毋相忘西汉吉语用瓦，直径
15 厘米，边轮略残

的信物，现在却完整地保留在了淳于婴儿的身边，可见刘非对淳于婴儿的感情非同一般。而在中国古代社会，很早就有"红颜未老恩先断，最是无情帝王家"的说法，后宫的女子也总是被贴上"不幸"的标签。这件长毋相忘铭合符银带钩出土后，让我们见到了一位英勇盖世的诸侯王内心最柔软的缠绵深情，也让我们在千年后了解到在汉代后宫中难能可贵的真挚爱情。

"长毋相忘"四个字，简洁而优雅，真挚而深情，道尽了墓主人所有的牵挂与眷恋，让我们不禁感慨语言的力量。而这四个字，被隐藏于一枚外表普通的带钩里，或许这也是墓主人生前的心愿：不求拥有诸侯王的独宠，但求曾经的誓言与私语长系腰间。

## 复姓"淳于"的由来

淳于这个姓氏可以说十分罕见，在百家姓中，它连前三百的名次都排不到。那么，这个罕见的复姓是怎么来的呢？

从《水经注》中推敲，可以知道淳于这一姓氏缘起于周代的姜姓。当年周武王灭掉商代以后，将原夏朝斟灌国姜姓封在州邑（今山东安丘），建立了州国。因位居公爵，国君世称州公。春秋时期有州公实，亡国于杞。州国公族定居于淳于城（今山东安丘东北），后复国，称淳于国，仍为公爵，国君称淳于公。淳于国成为春秋时期的小诸侯国之一，其实也就是州国的延续。这个国家的百姓以国名为姓，淳于这个姓氏就这样诞生了。

据《古今姓氏书辩证》记载，到了唐代，因为唐宪宗叫李纯，"淳于"的"淳"和李纯的"纯"同音。为了避尊者讳，就把"淳于"二字中的"淳"字去掉了，于是有了于姓。

唐代灭亡后，于姓的族人一部分恢复了祖姓，改回"淳于"，世代相传至今。于是，现在既有姓淳于的，也有姓于的。其实两个姓氏原本是一个姓，都是从春秋时期传下来的。

小互动
文物小达人
等你来挑战！

　　说起浪漫，古人可不逊于我们现代人。各类文物中，藏着美好爱情的文物尤其打动我们，它们虽然静默千年，却承载了无数的秘密，似乎一直在向我们轻轻诉说着穿越千年的思念与感动。下面这两件与爱情有关的文物中，有一件叫吴王夫差盉（hé）。传言它是夫差为西施所铸造的一件青铜酒器，也有人认为这种说法证据不足，考古专家根据青铜盉上的铭文推断，铭文上所指女子一定是夫差衷心爱慕的女子，而且确实来自民间，至于这个神秘女子是不是西施并没有定论。但正因如此，才给人们留下了美丽而广阔的遐想空间。你能从下图中把这件文物找出来吗？

A                     B

## 鸿门宴壁画：
## 一场跌宕起伏的饭局

　　秦朝末年，天下反秦烽火遍起。当时最有希望攻入都城咸阳的是刘邦和项羽。发兵之前，楚怀王与众将达成约定，谁先入关中，谁就做关中王。随后，项羽率领大军长驱直入，经过多次激战，终于击溃了秦军主力。不想，这时却传来了刘邦已经进入咸阳的消息。原来刘邦率领的十万农民军一路避开秦军主力，进入关中地区。秦王子婴见大势已去，主动投降。刘邦于公元前206年十月，推翻了秦朝的统治。对于先打败秦军主力的项羽来说，这无异于晴天霹雳。项羽决定除之而后快。于是，他率领四十万大军迅速攻破函谷关（在今河南灵宝东北），进驻鸿门（今陕西西安临潼），要与刘邦决战。刘邦深知双方实力悬殊，就采纳了张良的建议，准备到鸿门向项羽"请罪"。这便有了后来家喻户晓的"鸿门宴"的故事。

## 烤肉佐酒，汉代的流行美食

这个故事最精彩之处莫过于，看似"什么都没发生"，但又"什么都发生了"。这场饭局其实是在双方"硬实力"相差悬殊的情况下，实施"软实力"的终极较量，也就是"用人"和"智谋"的较量。鸿门宴上，项羽方面虽然为"主"，看似很强势，但处处被动；而刘邦方面虽然为"客"，看似很弱势，实则处处主动。刘邦一行紧密团结，同心协力，配合默契，一再化险为夷，就像事先做好了"彩排"。这场较量的结局大家都知道，刘邦完胜项羽。

如此惊心动魄的饭局自然成为后人艺术创作的热门题材，其中让人津津乐道的，要数一幅在河南洛阳老城西北 61 号墓出土的《鸿门宴图》。这幅壁画描绘的正是当时鸿门宴上惊心动魄、跌宕起伏的精彩场面。不过，这幅壁画与史书上记载的鸿门宴实际场景有着很大差别，经过郭沫若等专家的反复考证，它最终被考释为《鸿门宴图》。

这幅壁画以神兽为中心，共有八人，左右各四人。在最右边，有一

《鸿门宴图》（局部）

个人上身着紫色短衣，下身穿赭石色长裤，左手拿着一柄长叉，右手抚头顶，眼睛看着前面烤肉的人。观烤肉之人，正盘膝坐在烤炉前，专心致志地烤着肉。在他的上方，绘有起伏的山峦，在山峦的上面，还悬挂着准备炙烤的牛肉和牛头。看来，汉代就流行吃烤肉了。据《西京杂记》记载，刘邦就是烤肉爱好者。早年还没起义之时，刘邦在泗水（在今江苏沛县东）当亭长，某次在遣送一批民工到临潼骊山去修建秦始皇陵时，大概是因为他善待了这些民工，临别时，大家送给了他两壶酒和烤鹿肝、烤牛肝各一块。刘邦非常高兴，就地与随从们高高兴兴地分着吃了。后来他做了皇帝，对此事依然念念不忘。1983 年，广东广州南越王墓中出土了铜烤炉与铁叉，这两个物件与《鸿门宴图》中两个人使

| 和林格尔汉墓出土的壁画《厨炊图》

用的烤炉与铁叉高度吻合，这说明当时的上流社会非常流行烤肉佐酒的吃法。

河南洛阳烧沟 61 号墓室出土的西汉壁画《鼓掌老者图》

## 作者的"小心机"，细节处见真章

不过在这幅壁画中，有一个细节与史书上记载的鸿门宴场景有所不同。

在《史记·项羽本纪》里，樊哙冲进项羽的军营后，项羽让人给他拿了酒，樊哙一饮而尽后，项羽又赏了樊哙一条猪腿。不过项羽根本就没什么诚意，因为这条烤猪腿压根儿没熟。樊哙也没多说，直接把盾牌扣在地上，拔出剑来将猪腿切着吃。而在壁画中，最右边的两人烤的应该是牛肉，因为山峦之上悬挂着牛头与牛肉。另外，这山峦也与我们所理解的不同，我们日常看到的山峦为青绿色，但壁画上此起彼伏的山峦为绿色和紫色。

在鸿门宴开始之前，《史记·项羽本纪》上曾记载了一段对话。项羽的亚父范增对项羽说："我让人去观望了刘邦那里的云气，呈龙虎形状，并且为五彩！这可是天子才拥

汉代陶炉上的神人喂龙浮雕

有的云气呀！我们一定要赶紧去攻打他，不要再错过机会了！"代表帝王的云气多为紫色，此乃祥瑞之兆，难道绘制这幅壁画的作者是在暗示这场鸿门宴几乎决定了楚汉相争的胜负吗？

右侧的另外两个人，席地而坐，看上去像是阔别已久的老朋友。他们相向对饮，一片祥和。可在这片祥和之下，各自隐藏着争夺天下的野心，这二人便是刘邦与项羽，也就是这幅壁画的核心人物。穿着紫色衣袍，看上去非常肥壮者是西楚霸王项羽，他右手举着酒杯，似乎在与他左侧的刘邦说着什么。而刘邦则穿着赭色的衣袍，看上去较为文雅，谦卑有礼，躯体向后微缩，或许此时的刘邦已经察觉到鸿门宴上潜伏的杀机了。有意思的是，在古代，这种赭衣往往是罪人才会穿的。而这场鸿门宴，就是以刘邦向项羽请罪的由头开始的，可见绘制这幅壁画的作者认真考究了每一处细节。

靠近刘邦，面向左，拱手而立的自然是项伯。这个项伯，虽然是项

河南洛阳卜千秋墓出土
的西汉壁画《月宫图》

羽的叔父，但为了报答张良的救命之恩而通风报信，后受到刘邦的敬重，又与刘邦结为儿女亲家，自然是向着刘邦的。在壁画中，从他的姿态可以看出，他有意掩护刘邦，让项庄无法行刺。在项伯的左边还有一只怪兽，这只怪兽看上去像只猫，但形体大于人。郭沫若在考证后，将其解释为路寝门上画的老虎。这个细节可不容忽视。路寝是指古代天子、诸侯的正厅，虎门就是路寝的门。壁画的作者再次暗示了刘邦即将成为未来的天子。

据《史记·留侯世家》记载，张良的"状貌如妇人好女"。历史上的张良长得非常清秀，男生女相，气质也偏阴柔。果然，在这幅壁画中就有所体现，张良在壁画中拱手而立，面带忧色，仿佛在想如何帮助沛公脱身。他头戴黑色巾帻，穿着紫色长衣，腰间佩带宝剑，看上去就像一个古典的美男子。张良是鸿门宴事件中的灵魂人物，于是作者将壁画中的张良作为整幅壁画的核心，重点描绘。

与张良并肩而立的是范增，他是项羽的亚父，一位很有先见之明的长者。壁画中范增看上去有点凶，他双手持戟，神情严肃，仿佛要当场杀了刘邦。范增手里握着的这把戟，最早出现在商朝，乃戈和矛的合体，是具有钩杀和刺击双重功能的格斗武器，杀伤力极强。从这场鸿门宴中可以看出，最想置刘邦于死地的人是范增，因为他清楚地知道，这次行刺如果失败，他们都将是刘邦的俘虏。在壁画中，最后一个人是项庄，他将鸿门宴推向了高潮，但他只是一个执刀人。壁画中，作者赋予了他执刀人的特质：面貌狰狞，张口露齿，左手叉腰，右手握剑，正作跨步起舞状，一副要将刘邦置于死地的架势。

　　从以上这些人物的神态、穿着、手持兵器等细节，我们发现这幅壁画处处藏着作者的"心机"。从整体来看，壁画的画面布局紧凑，构图巧妙，主题非常鲜明，将这场鸿门宴的跌宕起伏、惊心动魄展现得淋漓尽致。作者在画面中先是以质朴粗犷的线条勾勒出人物形象的轮廓，再以红、紫、赭绿、蓝这几种色彩强烈的颜色点染，使画面上的人物性格鲜明，姿态各异，紧凑而有序。尤其是画面中人物之间的关系与排位十分巧妙，让原本冷冰冰的壁画变得有声有色，增添了画面的趣味性。鸿门宴发生在军营里，但是《鸿门宴图》的背景是山峦，给紧张的鸿门宴情节带来视觉上的舒缓，让画面变得匀称而协调。

　　这幅壁画距今已有2000多年，是一幅难能可贵的西汉人物故事图，画中的食物、厨具、酒具、服饰以及兵器，更是再现了西汉时期的风物人情。

## 汉代人吃烧烤讲究多

在壁画《鸿门宴图》中，有一个充满烟火气的细节：有个人不管鸿门宴的惊险，正聚精会神地烤肉。是的，早在汉代，人们就已经吃上了烧烤。我们现代人去吃烧烤，商家往往会宣传"果木炭"。其实对炭的讲究，从汉代就已经开始了，其中以桑炭为上。

关于吃烧烤的趣事，汉代就有不少。据《张家山汉简·奏谳书》记载，有一个君主原本在开开心心吃烤肉，吃着吃着，居然吃到了一根头发，于是他非常愤怒，要求立案侦查。很快，查案人员给出了反馈："臣查了一下烤肉的工具，木炭是极好的桑炭，铁炉也很坚固。这么好的炊具，烤出来的肉都已经焦脆了，却唯独三寸长的头发没有被烤焦，这好像不是烤肉人的罪过哦！"

除炭以外，汉代人对肉的种类选择也颇为丰富。最让人震惊的是汉代人居然还会烤蝉。到了夜晚，他们就以火照蝉，蝉见光后就投火而来，这种捕蝉方法被称为"耀蝉"。当他们捕到蝉后，就直接烤了吃。据载，烤过的蝉，加以佐料，鲜香无比。

千万不要小瞧古人的智慧,几千年前他们就制造出了很多"超前"的物件,那些脑洞大开的"黑科技"绝对让你目瞪口呆。很多人把这些文物和穿越联系在了一起,其实这是比较夸张的说法,但也说明它们的存在已经远远超出我们的认知。这些"超前"的文物让我们大为叹服,也让我们产生很多疑惑,它们到底跟"穿越"有没有关系?几千年前它们到底是用来做什么的?它们身上还有哪些我们不知道的秘密?这些只能留给后人慢慢去寻找答案。下面两件"穿越"文物中,有一件文物与鸿门宴关系密切,你知道是哪件吗?

A

B

# 孔子镜屏:
## 一个与史书记载不一样的"汉废帝"

海昏侯墓一万多件(套)陪葬品的出土,震惊了世人,也将海昏县这个不知名的小县城从幕后带到了台前。在《海昏侯编钟:来自汉代的好声音》一文中,我们认识了一个不学无术的皇帝,他就是被称为"汉废帝"的刘贺,他的荒唐人生给后人留下了深刻印象。一直以来,关于海昏县名称的由来争议颇多,其中一种说法是,人们认为这个名称具有政治目的。

## 孰真?孰假?

一直有学者认为,"海昏"是对刘贺品行的一种定位,是对他道德品质的全盘否定,也就是说,汉宣帝有意在侮辱刘贺的人格。西汉时,封爵制度是以"郡县立国"为基本准则的,侯爵多为郡县名,但是也有

| 海昏侯墓出土的西周青铜卣 (yǒu)

例外，如羹颉侯、富民侯、不义侯等，这几个地名带有明显的歧视性和攻击性。如果汉宣帝将刘贺视作昏乱之人，从常理上说也有可能故意封其为"海昏侯"，类似于《西游记》里的弼马温，名义上是任命，实际上包含嘲弄、羞辱之意。当然这种说法的真实性有待考证。不管历史真相究竟如何，海昏侯墓的横空出世，使后人可以透过海昏侯墓出土的文物去重新审视这段历史。

海昏侯墓出土了大量乐器、文书、档案、武备、衣袋、食物、青铜器、陶瓷器、金器、玉器、漆木器……此外，墓室里还有床榻、屏风、仪仗架、博山炉、连枝灯等，这些几乎还原了海昏侯生前生活起居的场景。这些文物中，最热门的文物竟然是一件三足青铜卣。它之所以引起这么高的关注度，是因为它特别像现在的火锅，上端肚大口小，便于盖盖儿，下端连接着炭盘，上下不连通，盘里有一点遗留的炭迹，还有一些板栗等残留物。根据专家分析，这是一个实用型火锅。这个发现让考古学家兴奋不已，难道汉代就开始流行吃火锅了？它不能不让人联想到海昏侯"吃着火锅唱着歌"的场景。这件铜器给我们呈现了一个货真价实的"吃货"刘贺，这也似乎更加印证了刘贺吃喝无度、不学无术的废帝形象。

然而另一件器物的出现打破了人们对刘贺的偏见，它将一个与史书记载有所不同、真实又鲜活的刘贺带到了后人面前。这件为刘贺正名的文物就是孔子屏风。起初考古专家一度认为这是一件普通的屏风，当把它送到实验室进行文物保护时才发现，它上面居然嵌有铜镜。

汉代铜镜的前面通常会有一个镜盖子，被称为"镜掩"，后面有镜背，在镜背上有一个支撑镜子的镜架，这分明就是刘贺日常所用的穿衣镜。铜镜的镜屏大约长 70.3 厘米，宽 46.5 厘米，厚约半寸。它的特别之处在于镜背、镜掩两面以及镜框上都有人物的图像和题记。尤其是镜背表面，绘有孔子及其五个弟子的画像，上面附记了他们的生平事迹。人物的画像分为三层，左上侧绘有孔子像，右上侧绘有颜回像；中部左侧绘子贡像，中部右侧绘子路像；左下侧绘堂驺子羽（澹台灭明）像以及子羽和宰予的合传，而右下侧绘有子夏像。在镜盖里面还有两个人像，左上是子张像，右上是曾子像。这几个人物可都是我们课本里的"老熟人"啦！而在镜盖表面最上侧还书写了《衣镜赋》，镜盖表面下侧绘了《钟子听琴图》。除了人物像以及《衣镜赋》，考古专家还发现

| 孔子衣镜的镜框

　　了一些绘有仙鹤、云气等纹饰的残块。汉代工匠也真是的，好好的"穿衣镜"上绘有这么多人物画像做什么？还都是孔子、颜回等"大咖"，照镜子也要有这么大"压力"吗？其实，《衣镜赋》已经给出了很好的答案："临观其意兮不亦康，气和平兮顺阴阳。"这是提示刘贺在照镜子的时候，要用圣人以及其弟子的言行检视自己，如果能做到，那么刘贺就可以心境平和、长乐未央。

| 孔子衣镜上的细节图

## 铜镜的秘密

可是，这么直白简单的寓意就能使这件孔子屏风脱颖而出了吗？当然没这么简单。这件孔子屏风上的孔子像，是目前所能看到的最早的孔子画像！关于孔子的外形，一直被史料文献记载得很玄乎，这件镜屏在孔子像下面写得很详细："孔子长九尺六寸，人皆谓之长，异也。"这与史料文献上记载的孔子身高是相符的。我们无法判断古人有没有运用夸张的手法，但有一点可以肯定，孔子真的很高，起码达到了我们现代篮球运动员的身高。在孔子镜屏上能看到最早的孔子画像已经很稀奇

山东嘉祥武氏祠西阙的《孔子见老子》画像石（第一层）

山东嘉祥武氏祠西阙的《孔子见老子》画像石（第二层）

山东嘉祥武氏祠西阙的《孔子见老子》画像石（第三层）

| 屏风上的孔子、颜回图像

了，但还有更让人意外的"彩蛋"。孔子屏风上记载的孔子及其弟子的生平事迹应该都摘录于《史记》，与《史记·孔子世家》和《史记·仲尼弟子列传》中的记载相似度达到了 68%。而其中"孔子作春秋"这段与《史记·太史公自序》中"昔孔子何为而作《春秋》哉"的记载大致相同。这几处"证据"，说明了一个问题——我们可能在这件孔子屏风上看到了最早版本的《史记》。话说回来，孔子及其弟子的画像、生平事迹，为何会出现在刘贺的穿衣镜上？就算是《衣镜赋》中作了"官方解释"，但这与刘贺的性格作风实在有很大的反差呀！即使史料文献有误，但疑问还是存在的。刘贺是循规蹈矩的人吗？他真的会用穿衣镜提醒自己，每天都要检视自己的言行吗？带着这样的疑问，考古专家们进行了深入研究。

这件孔子镜屏是刘贺的生前之物。它的制作年代不晚于公元前 76 年，这件孔子镜屏很有可能是刘贺从昌邑带到豫章郡来的。当年汉宣帝将刘贺改封到豫章郡做海昏侯时，有两个规定：第一，离开富裕的昌邑，到比较偏远的南藩之地豫章就国；第二，不许回长安祭祀祖先。刘贺相当于被剥夺政治权利终身，自然是不甘心的。在成为海昏侯以后，一次刘贺与豫章太守孙万世闲聊，孙万世问他："当年霍光把你从皇位上赶下来，你怎么没有反抗？"刘贺想都没想，回道："我当时错失了机会。"孙万世又说："你在这里当海昏侯应该不会太久吧？以后是不是还要封为豫章王？"刘贺回道："是啊，但是现在还不能说出来。"结果这番对话被报告给了汉宣帝，汉宣帝一怒之下就把刘贺原有的食邑四千户，削掉了三千户，让刘贺从海昏侯变为了一千户的小侯。

汉宣帝的这道旨意彻底破灭了刘贺恢复诸侯王身份的想法，而这件孔子镜屏

海昏侯墓出土的孔子画像及记录孔子生平的文字

孔子行教像朱拓。拓片制于 1691 年，石碑刻于 1118 年，仿吴道子画作，纵 73 厘米，横 34.5 厘米

或许正是用来提醒刘贺，照镜子不仅要照自己的衣冠容貌，更要照心。制作镜屏的人希望刘贺将圣人的形象以及生平事迹当成镜子，与自己的言行进行对照，三省吾身，从而达到见贤思齐的目的。只是，作为一个政治斗争的牺牲品，刘贺何以能做到图史自镜？当他看着这件孔子镜屏，或许涌上心头的是对现实的无奈与不满，还有对之前诸侯王生活的深深怀念。

刘贺一生可谓跌宕起伏，大起大落，充满传奇色彩，他做过昌邑王，做过诸侯王，还曾走向人生巅峰做过皇帝，最后又成为列侯。后人原本对他的印象只停留在那短短的史籍记载上，而他墓室里的那些随葬品给我们呈现了一个真实又鲜活的刘贺，以及他内心那些隐秘的角落。

## 孔子究竟姓什么

关于孔子的姓氏，有着不同的说法。海昏侯墓出土的孔子镜屏上写着"姓孔，子氏"几个字，将"姓"与"氏"分开了；但《史记》中记作"姓孔氏"，将"姓"与"氏"连言。二者说法不一，那么究竟哪种说法正确呢？

按照先"姓"后"氏"的产生顺序，同时根据孔子先祖为宋国公室，宋国又为商王室后裔受封之国，以及商民族祖先"契"之姓为"子"等说法，孔子姓氏的准确描述应当为"子姓，孔氏"。海昏侯墓出土的孔子镜屏上的说法与《史记》中的表述，均与此有所不同。

我们知道，"氏"本自"姓"出，但是西汉时期"姓氏"二字已经混淆，所以司马迁在《史记》里才会写"姓孔氏"这样的话。而镜屏上写成"姓孔，子氏"，则完全不通。西汉时期的人们以氏为姓非常普遍，但将"姓"倒过来降格为"氏"不大可能。专家们分析导致这种错误的原因可能有两种：一是孔子的祖先为商人，商人子姓，所以说孔子乃孔氏，子姓；二是鉴于西汉时期"重氏轻姓"的文化背景，对孔子姓氏的完整说法应该省略了"子姓"的"子"字，这样"子姓孔氏"也就变成了"姓孔氏"。

因此，不少学者认为海昏侯墓出土的孔子镜屏"有诈"。其实，这种想法有些夸张了。无论如何，孔子镜屏的学术价值都是非常珍贵的，它让我们在千年后目睹了海昏侯刘贺的风采，也为后人留下了宝贵的历史研究价值。

    海昏侯墓里出土了众多精美的文物，其中有一件文物让专家大开眼界，它是一个青铜蒸馏器，看似不起眼的一件文物，却颠覆了西方历史，因为它的存在，证明了早在公元前1世纪中国就已经有了成熟的蒸馏技术。那么这个蒸馏器当时是做什么用的呢？

    专家认为有两种可能：一是蒸馏提取纯露，二是用来酿酒。因为蒸馏器出土于墓葬酒库中，所以用来酿酒这种可能性非常大。如果真是用来蒸馏烧酒的，那么中国烧酒的历史就要彻底改写了。但是它没有冷却装置，要用来蒸馏烧酒似乎有点困难。也有专家认为这件蒸馏器有可能是用来炼丹的，因为汉代修仙炼丹术风靡，所以用它来炼丹似乎也合情合理，但这也仅限于猜测。关于蒸馏技术，下面说法错误的一项是（　　　）。

A. 蒸馏是一种热力学分离工艺

B. 蒸馏效果不受蒸馏条件的影响

C. 蒸馏的优点在于不会引入新的杂质

海昏侯墓出土的青
铜蒸馏器手绘图

东汉武梁祠画像石拓片

第四章

再现了一段历史

# 鎏金铜马：
# 驰骋千年的汗血宝马

在长安城的未央宫里，一位已经迈入中年、名叫张骞的使者正在讲述他这些年出使西域的所见所闻。当提到大宛国的时候，他的眼神忽然闪烁了一下："这大宛国有不少好马，它们可以驰骋万里，奔跑起来汗水里都带着血，据说它们的祖先是天马之子……"听到此处，汉武帝刘彻一下子兴奋起来："若真如你所说，这大宛马如此健壮有力，我们开疆拓土可少不了它。"从那天起，"嗜马如命"的汉武帝就惦记起了这传说中来自西域的大宛马，也就是我们俗称的"汗血宝马"。

## 一匹马引发的战争

公元前 104 年，汉武帝为了得到心心念念的汗血宝马，特命使者带着千两黄金以及一匹由黄金铸造的金马去大宛国购买。谁知当时大宛国

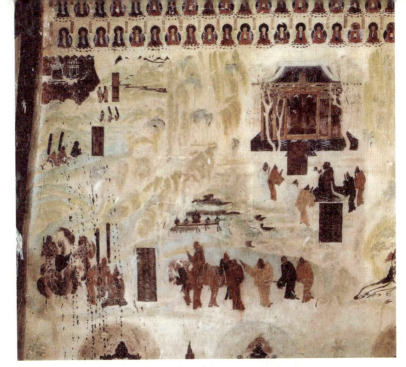

| 初唐敦煌壁画《张骞出使西域图》，展现了张骞出使西域时沿途的风貌

的国王视汗血宝马为国宝，果断地拒绝了使者。汉代使者自觉受辱，当着大宛国国王的面将那匹金马击碎，并对国王破口大骂后离开。这一举动让国王暴怒，他命令心腹大将截杀汉代使者，抢走了黄金，并直接堵塞了商队往来的道路。汉武帝勃然大怒，随即派大将李广利率领大军远征大宛国。

这个李广利大家可能比较陌生，但是他有个妹妹很出名，就是那个"北方有佳人，绝世而独立，一顾倾人城，再顾倾人国"的李夫人，深得汉武帝宠爱。

李广利准备就绪后，率领远征大军浩浩荡荡地出发了。他们计划在大宛国京城夺取宝马，但因为沿途粮草补给不足，等到了目的地，几万名远征将士只剩下几千人。李广利知难而退，只能铩羽而归，暂时留守在敦煌，并派人向汉武帝上奏说明实情。汉武帝大发雷霆，怒斥李广利，如果攻不下大宛国便杀无赦。同时，汉武帝还派人拦守在玉门关，明令但凡有军人入关，斩立决。李广利一听就怕了，只好留驻在敦煌。

没过多久，李广利再次征讨大宛国。这次可谓兵精粮足，6万余人的大部队从敦煌出发，因为吸取了上次的教训，特意随军带了10万头牛、3万匹马，驴、骆驼更是不计其数。这样一来，大宛国可真的吃不消了，城内人心惶惶，士气低落，一些高官便设计杀了国王，将其人头送给李广利。李广利认为目的已经达到，便决定停战议和。历时3年的远征讨伐以胜利告终。

作为战争胜利的一方，汉代从大宛国得到了大量粮草、几十匹上等宝马以及良种马3000多匹。汉武帝看到汗血宝马后非常激动，立刻赐予它"天马"的美名。为了改变中原的马种，他还让汗血宝马等西域良马与蒙古马杂交。从此，中原的马种得到了改良，军队的实力得到了大幅度提升。

## 阳信公主的陪葬之物

为了纪念得到大宛马，汉武帝特意命人铸造鎏金铜马。可惜的是，这些铜马随着时光的流逝，淹没在历史的长河中。直到1981年，人们在陕西兴平茂陵一号无名冢的随葬坑中，发现了当初以大宛马的形象铸成的鎏金铜马（现藏于茂陵博物馆），这让现代人终于窥探到了来自西

汉代鎏金铜马

第四章

汉时期汗血宝马的英姿。

这件鎏金铜马通高 62 厘米，长 76 厘米，重 25.5 千克。它的体形较大，呈站立形态，昂首挺胸，仿佛准备再次驰骋沙场；两只耳朵高高立起，两只耳朵中间以及脖子上都雕刻了鬃毛；嘴巴微张着，或许是在嘶吼，或许是在微笑，因为人们可以清楚地看到马嘴里的六颗牙齿；马尾毛发根根耸立，呈半圆形下垂。这还不是鎏金铜马最精细的部分，最精细之处体现在鎏金铜马的马尾和生殖器上，这两处是另外通过铸造铆接或焊接而成的，表面最后又采用了鎏金工艺，让我们无从看到浇口在哪里。这个细节让鎏金铜马看上去通体圆润，十分逼真。不过，令人万万没想到的是，汉代工匠在铸造鎏金铜马时，居然连它的肛门这么一个细微处都没有放过。在鎏金铜马的肛门处，有一个小小的洞口，这个洞口可以让我们窥视到鎏金铜马的身子中间是空的。整体看上去，这件

陕西省西安市碑林区沙坡砖厂汉墓出土的
新莽时期的"王精"金印，长 1.1 厘米，
宽 1.1 厘米，高 1.2 厘米，重 17.1 克

陕西省西安市雁塔区鱼化寨出土的西汉马蹄金

鋈金铜马可谓金光闪闪，矫健的四肢向世人透露着一个信息——它是一匹千里良驹。

关于鋈金铜马，《史记·大宛列传》中这样记载："天子既好宛马，闻之甘心，使壮士车令等持千金及金马以请宛王贰师城善马。"这位使者当初带着的那匹金马，并不是给大宛国的礼物，而是专门用来鉴定大宛马的马式。在汉代，买马之前需要相马，马式是相马时最为重要的参考标准，所以铸造铜马之风盛行。而在当时的一些文学作品中，也能看到铸造铜马的痕迹。比如张衡的《东京赋》，其中有"天马半汉"的诗句，薛综注："天马，铜马也。"李善注："明帝至长安，迎取飞廉并铜马置上西门平乐观也。"这说明到了东汉时期，铸造铜马依然很受重视。推测这个鋈金铜马是马式，可不止这一个证据，在马王堆汉墓出土的帛书《相马经》中有这样的描述："马头欲得高峻如削成，又欲

山东济南章丘洛庄汉墓9号陪葬坑出土的金质怪兽头形金节约（装饰马头的马具）。形态似鸟非鸟、似兽非兽，在中原地区出土金器中十分罕见

得方而重，宜少肉，如剥兔头。"
而《相马经》中这样描述："目为
丞相，欲得明"，耳是"欲得小
而锐，状如削竹"，"鼻大，则肺
大，则能奔"。这完全是照着鎏金
铜马写了篇小作文嘛！由此可见，
铸造铜马在汉代十分盛行。

　　这件鎏金铜马如此精美，它的
墓主人一定不简单。从与鎏金铜马
一同出土的文物来看，墓主人多为
皇亲国戚。这些出土的随葬品上大
多刻有"阳信"二字，经考古学家
们推断，这座汉墓的墓主人应该是
汉景帝的女儿阳信公主。在汉武帝
刘彻即位后，汉武帝的姐姐被称为
阳信长公主。阳信长公主一生坎
坷，她先是嫁给了平阳侯曹寿，但
婚后没多久，曹寿便不幸暴病而
亡。随后，阳信长公主又嫁给了
夏侯颇，可夏侯颇因为触犯法律，
畏罪自杀，这段婚姻也没有持续太

陕西省西安市未央区文景路
汉墓出土的鎏金凤鸟铜锺，
高 78 厘米，通体鎏金

甘肃省陇南市成县城关镇石碑村汉代砖室墓出土的鎏金银棺饰铜牌，直径27.5厘米，厚0.1厘米

久。最后，在汉武帝以及当朝大臣们的提议下，阳信长公主嫁给了大将军卫青。阳信长公主与卫青的婚姻持续了 10 年，直到卫青病逝，后阳信长公主再也没有改嫁。她死后，与卫青合葬于茂陵。这件鎏金铜马想必是汉武帝的心爱之物，他将此作为礼物送给了姐姐，于是这件鎏金铜马也与阳信长公主一起被深埋于地下。

鎏金铜马的出土，勾起了两段来自西汉的往事，也向世人展示了西汉时期盛行的铸造铜马之风。而鎏金铜马，除了是一件极为精美的艺术品，还是一个集合了各民族文化精髓的产物，见证了丝绸路上经济与文化的交流。

## 汗血宝马流的汗里真的有血吗

汗血宝马在文学和影视作品中被描绘得神乎其神，它不仅能日行千里，并且在奔跑时，汗水里都带着血。然而，汗血宝马流的汗里真的有血吗？对此，专家根据史料提出了不同的推测和解释。

有专家认为，这是一种由副丝虫病感染而造成的出血现象。这种病原体是多乳突副丝虫，它们寄生在马皮下组织内和肌间结缔组织内，虫体呈白色丝状，体质柔软，雌虫常在马皮下形成出血性小结节。到了夏天，这种副丝虫需要钻到外面排卵，这时就会刺穿马皮，尤其是在晴天的中午前后，马的颈部、肩部和身躯两侧皮肤上便会出现豆大的结节，结节破裂后流出的血就像淌出的血色汗珠。

不过，也有专家提出了不同的看法。他们认为，马在高速奔跑时体内血液的温度可以达到45℃到46℃，但马的头部温度恒定在40℃左右，与平时温度差不多。由于马毛细而密，毛细血管非常发达，在高速奔跑之后，血液温度会增加5℃左右，因而导致少量红色血浆从细小的毛孔中渗出。

虽然这个问题至今没有一个确切的说法，但不可否认，汗血宝马早已被附上了传奇色彩，成为"快如疾风"的代名词。

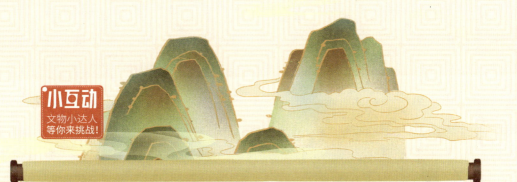

　　鸠鸟在古代被视为吉祥之物，是一种"至高无上"的神鸟。据文献记载，鸠鸟形状如雕，长颈赤喙。《后汉书·礼仪志中》记载，鸠鸟食道畅达，是"不噎之鸟也。欲老人不噎"。这句话的意思是，因为鸠鸟进食顺畅，食欲旺盛，所以它象征着长生不老。陶鸠形态生动逼真，造型豪放大气，体现了人们追求吉祥如意、健康长寿的美好愿望。下面这两个陶器中，哪一个是陶鸠？

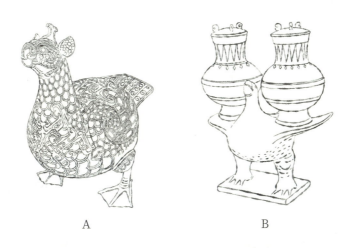

A　　　　　　　　　B

# 金错刀:
# 搜刮民间财富的精美武器

　　东汉时期，天文学家张衡曾在万分愁苦的时候，写了一首《四愁诗》，其中，有一句"美人赐我金错刀，何以报之英琼瑶……"我们先不管张衡到底在愁啥，也别问这位美人到底是谁，就说他诗中提到的"金错刀"。这"金错刀"听起来实在太酷了，让人不由得想起古代武侠剧中的场景：一位高大威武的蒙面大侠站在山顶，穿着飘逸的白色长袍，手里拿着一把长刀。月光下，这把长刀闪闪发亮，尤其是刀上的错金图案极为醒目。这把刀很有可能是祖传的，而这位蒙面大侠或许正背负血海深仇……脑补到此处，假如张衡在场的话，他一定会拿起片场导演专用的场记板，大喊一声："咔！你们都想到哪儿去了？"

## 此刀非彼刀

　　原来，张衡在诗句里提到的"金错刀"并不是真正的刀，而是一种

| 契刀五百（正、背）

| 一刀平五千（金错刀正、背）

货币。它通长 7.2 厘米，远看就像我们现在随身携带的钥匙。它是我国古代唯一运用金错工艺制造的钱币，俗称"金错刀"。

国宝金匮直万

王莽掌权之后，为了巩固统治，率先推行货币改革。名义上是货币改革，实质上是他敛财的借口。他趁机搜刮民间财富、打击削弱刘氏皇族势力，为自己篡位制造舆论攻势。他要求废除民间的黄金流通，将黄金充公，实际上就是变着法地将钱财占为己有。他的这种做法导致了严重的通货膨胀，激化了社会矛盾，最后只能以失败告终，留下千古骂名一点儿都不冤。唯一让人欣慰的是，这枚制作精良的金错刀成为人们研究中国古代先进铸币工艺的宝贵资料，具有很高的文物价值和学术价值。

国珍金匮五千

这件金错刀就是王莽货币改革的产物。不过，王莽走的是复古风，这件金错刀独特的造型就是由东周时期的环首小刀演变而来的。它造型奇特，细节处的工艺更是堪称一绝。金错刀"刀环"处有一个方孔，方孔上面刻了"一"字，下面刻了"刀"字，"一"和"刀"两个字都用黄金镶错而成，错金工艺让金错刀看上去既具质感又独具韵味。从这一点上看，王莽是对得起"钱绝"这个称号的。另

布泉

外在刀身上，有凸出的篆书"平五千"三个竖字，书写流畅工整，笔力遒劲有力。因此，这件金错刀又被称为"一刀平五千"。通俗点说，这枚小小的刀币，能兑换 5000 枚五铢钱。

如此精美的货币，假如我们现代人见到它一定会爱不释手吧。不过，汉代的百姓当时一点儿也无法欣赏它的美感，这是为何？我们先来替他们做一道数学题，做对了就理解了。

大布黄千

在王莽执政之前，汉代人用的货币是五铢钱，这五铢钱是重如其文的，货币上面写着"五铢"两个字，实际重量也是五铢，大约相当于我们现在的 3.25 克。一枚"一刀平五千"相当于 5000 枚五铢钱，5000 枚五铢钱总共含有 16250 克铜。实际上制作一枚金错刀仅仅需要 35 克铜。换句话说，王莽要用自己的 35 克铜，去换百姓的 16250 克铜，以少换多，榨取百姓的血汗钱。更夸张的是，王莽在得到这些铜以后，又将此作为原材料，铸造无数枚"一刀平五千"的金错刀，这样他就可以换取更多的铜。这是典型的搜刮民脂民膏啊！

大泉五十

有人要问："这金错刀上不是有错金字吗？金子不值钱吗？"要知道，所谓的错金工艺就是

古代货币母范（铜范）。母范又叫钱范，是古代铸造金属货币的模子，一般称为钱模，此为铜制钱模

古代货币母范（陶范）。陶范亦称"印模"，古代铸造青铜器的陶制范模

在铜器上涂金，或者是在铜器上镶嵌金子，这种工艺对金子的需求量很低，即使铸造大量的金错刀，所需的黄金也非常少，根本不值钱。从那时起，长安城的街头巷尾就流行起了一首民谣："秦时明月汉时钱，不信金刀值五千，自笑床头无一物，寒伧空对阮囊眠。"可怜的汉代百姓就这样被王莽盘剥得一穷二白，而王莽倒是富得流"铜"。

## 让人唏嘘的结局

有句俗话叫"丑人多作怪"，这里的"丑"，指的是人品的丑陋。在"一刀平五千"的金错刀发行的第二年，王莽正式登基称帝，把国号改成了"新"，历史上称王莽为新朝皇帝。也许是因为做贼心虚吧，偷来的皇位总是让王莽心里特别不踏实，他特别担心汉室刘姓皇族复辟，政权被推翻的噩梦始终让他无法安眠，他想把隐患彻底消除。让人没想到的是，他竟然把这一切噩梦的根源都归在了金错刀上。"金刀金刀，'刘'这个字，不就是卯、金、刀的合体吗？"王莽心里咯噔一下："我真是差点酿成大错！这金错刀的铸造，不是在给我自己挖坑吗？万一百姓看到金错刀，就想起前朝的刘姓帝王，这不得造反？不行，得改！"从那以后，"一刀平五千"的金错刀就彻底退出了历史舞台，被新的货币取代。

金错刀古韵厚重、历史气息浓厚，它精美绝伦的工艺受到无数文人、钱币收藏家以及历史爱好者的喜爱。它设计独特、铸工精美，表面多层水银沁色，巧妙地通过蚀刻手法将黄金熔化后填入字中。很遗憾，

货布

货泉

十布

这种错金工艺早已失传，金错刀成为中国历史上唯一采用错金工艺的钱币，也因此彰显了金错刀的珍贵之处。现在的工匠都很难手工制作出这种产品，可见2000多年前古人的智慧让我们叹为观止。

无论货币如何改革，王莽最关注的还是自己的核心利益。即使没有"一刀平五千"的金错刀，他还有无数个想法去搜刮民脂民膏。王莽最终倒在了历史的车轮下，地皇四年（23年），绿林军攻入长安，王莽被杀，凄惨地结束了他的一生。建武元年（25年），汉光武帝刘秀即位，在清点宫中财物时发现，宫中居然藏有大量黄金，黄金之多已经完全超出了我们的想象。

建武十六年（40年），在刘秀的统治下，汉代的政治经济渐渐回到正轨，与民生息息相关的货币又改为五铢钱。而那仅仅在历史上通行了两年的金错刀也成为人们的一段回忆，虽然那些回忆与王莽的经历捆绑在一起，令人唏嘘不已，但金错刀独特的造型与工艺值得后人回味和思索。

# 王莽，一个"现代穿越者"

身处汉代的王莽，有着"现代穿越者"的称号。这是怎么回事呢？我们可以用四件事来证明他具有超前的思想。

第一，土地公有制度的建立。在当时半农奴制的时代，王莽提出禁止奴隶买卖，将全国土地收归国有，而且将土地重新"洗牌"，一对夫妻会分到一百亩田地，不足的由国家补偿。

第二，热衷于科学探索及发明。王莽一直鼓励科学实验和发明创造。有一次，王莽得知有位巧匠能制作一种飞行器，这种飞行器用大鸟的羽毛做成翅膀，然后装在人身上，可飞行数百步。王莽立即召见他，并亲自观看了他的表演，支持他的飞行实验。

第三，王莽墓中发现"现代工具"。考古专家在王莽墓中发现了游标卡尺。这是一种可测量长度、内外径宽、深度的量具，是现代社会中一种很重要的手工测量器具，而王莽时期便已经有了这个工具。

第四，开办贷款制度。百姓若要办理祭祀、丧葬或欲经营工商业而无资金者，可以向政府借贷。祭祀借贷须在 10 天内归还，丧事借贷须在 3 个月内归还，以上两项借贷不收取利息。工商贷款每年交纳不超过所借数额十分之一的利息。

看完这些，你是不是也很惊讶？要知道，那可是在汉代。那时候就有如此超前的思想，也难怪王莽会被说成"穿越者"了。

　　历史上有一种非常罕见的钱币叫作蚁鼻钱。它是战国时期铸造并流通使用的。蚁鼻钱的外形是一只贝壳，为了便于携带，人们想了一个办法，就是在每个钱币的上方穿一个小孔，这样就可以将蚁鼻钱穿成串。大额交易就成串使用，小额交易就拆下来灵活使用。据史料记载，在青铜币出现之前，贝壳是主要的流通货币。因为贝壳的数量有限，所以逐渐出现了骨贝、石贝、金贝、银贝、铜贝等。其中，铜贝就是蚁鼻钱的前身，只不过蚁鼻钱更小巧精致一些，更方便携带使用。另外，蚁鼻钱上还刻了很多字，刻得最多的字是"巽"。由于历史

原因，现在没法考证这些字的来源，只能留给后人慢慢解密了。因为蚁鼻钱的外形酷似一张脸孔，于是现代人又给它取了个非常形象的名字，你能猜出来这个名字是什么吗？

| 蚁鼻钱手绘图

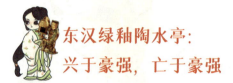

# 东汉绿釉陶水亭：
## 兴于豪强，亡于豪强

新莽末年，天下大乱；民不聊生，哀鸿遍野。上至豪强、下及平民，都生活在水深火热之中。俗话说，"乱世出英雄"，这个乱世英雄就是刘秀。为了救万民于水火，刘秀决定起兵造反。但起兵可没那么容易，刘秀一没人，二没钱，要去打天下没有"启动资金"可是寸步难行啊！正在一筹莫展之际，南阳、颍川等地的豪强地主纷纷站出来响应，支持刘秀起兵。接下来我们要介绍的东汉绿釉陶水亭，就与这些豪强地主有着密不可分的关系。这里有个小故事，且听我们慢慢道来。

### 权力的双刃剑

这些豪强地主在当时是一个特殊的存在。在经济上，他们实力雄

厚，拥有大量的土地田庄，并通过"察举"和"征辟"的选举制度，牢牢地控制着中央和地方的各级政权；在文化上奴化百姓，大力宣扬儒学，牢牢地控制着百姓的思想；最重要的是在军事上，豪强地主拥有极其隐秘的私家武装，军事力量非常强大。得到当时实力雄厚的豪强地主们的支持，对刘秀来说简直是如虎添翼。仅用3年，刘秀就平定了天下，于建武元年（25年）建立了东汉政权。

东汉建立之后，这些豪强地主的势力得到了极大发展。可凡事都有两面性：动乱时期，这些豪强地主为刘秀所用，帮他平定天下；东汉建立之后，他们的存在给社会的稳定带来了极大的隐患。中央加强统一管理，豪强地主仗着自己的功劳和势力而不服从管理，这时候中央和豪强地主们的矛盾就凸显出来了。尤其是在东汉建立之初，政权极不稳固，这些豪强地主横行乡里，称霸一方。他们为了扩展地盘，大肆掠夺土地和人口，以各种手段压榨百姓。当地政府根本无力制约，从而严重威胁

四川成都扬子山出土的东汉宅院画像砖，高 40 厘米，宽 46.4 厘米

到了中央的统治。

为了治理这些豪强地主，刘秀也是伤透了脑筋。因为他是靠豪强地主们的势力起家的，所有不愿意大力压制他们，事实上他也不敢过分压制。但如果这些豪强地主勾结起来，会对中央政权和地方百姓造成极大的危害。为了巩固统治，刘秀在建武十五年（39 年）发布了一项政策，下达了"度田"的诏令。通俗点说就是要清查户口和土地，以增加税收，顺便控制和削弱豪强武装势力。但是在实际执行中，这项政令遭遇了重重阻碍。

度田制度几乎得罪了所有豪强地主，朝廷想在他们碗里抢食吃，他们当然不会坐以待毙。有的臣子直接在朝廷上提出反对意见，去执行政令的官员更是敷衍了事，并不认真清查。刘秀大怒，严惩作弊的官员。为了震慑这些豪强地主，刘秀下令处死了 10 多名地方高级官员。这下可真把豪强地主们逼急了，又一次爆发了大规模起义。刘秀决定智取，采用"攻心为上"的招抚政策，迅速平息了祸端。从那时开始，据《四民月令》记载，豪强武装不再是从前常设的私兵，而是由定期召集的农民组成，东汉人将其称为"部曲"。这些部曲通常是在二三月青黄不接或寒冬之时，集中到豪强地主家里去"打工"。他们有的去当维修工，修理东西；有的去当保安，保卫庄园；还有的去练骑射，防备寒冬穷厄的寇贼。这一转变，得到了朝廷的默许，也缓解了朝廷和豪强地主们之间的紧张局面。现藏于中国国家博物馆的东汉绿釉陶水亭，展现的就是当时豪强地主们真实的生活场景。

河南省焦作市马村区白庄墓群出土的东汉五层彩绘陶仓楼，长 56 厘米，宽 53.5 厘米，高 129 厘米

## 东汉"豪宅"里的真实生活

乍一看，东汉绿釉陶水亭似乎就是个"枝繁叶茂"的花盆，细看后才发现这是一个亭子雕塑。亭高仅 54.5 厘米，通体施绿釉。这个亭子分为上下两层，坐落在水池中，亭子内塑有一些神态各异的人，有豪放的主人、悠闲的宾客、忙碌的仆人……除此之外，池边还有正在行走的

东汉陶水亭，生动描绘了
汉代贵族生活的风貌

骏马、扑腾着翅膀的大肥鹅，亭脊顶与檐角还雕塑了各式各样的禽鸟，栩栩如生。这是一个充满生活气息的雕塑。

上层平座栏杆内的四个角落各有一名拉着弓箭的武士，他们就是东汉时期最为常见的部曲。驻守在亭子四角的部曲站姿挺拔、神态专注，他们都做出了随时防御的姿态。部曲所表现出的紧张气氛与亭子中心歌舞升平、莺歌燕舞、热闹非凡的场景形成了鲜明的对比。

亭子的中心处共有五人，其中，一人正在抚琴弹奏，一人扬袖起舞，还有三人拍手伴唱。他们一边欣赏歌舞，一边饮酒作乐。我们能想象出东汉豪强地主们的日常娱乐生活，而这个小小的亭子只是他们休闲娱乐的一角。这件绿釉陶水亭的下层有梯子，连接上下两层。

陶楼上有家兵持弩守卫，水池周围有骑士巡逻警戒，这是东汉豪强地主们拥有私家武装的真实反映。从这些细节可以看出，这件绿釉陶水亭展现的景象发生在东汉末年。当时社会动荡，战事频繁，政治腐败，地方割据势力日益强大，土地的兼并和地主武装又肆无忌惮地发展开来，豪强地主们凭借手中的权势建立了大量规模可观的庄园。这些庄园以农业为主，同时经营手工业和商业，具有很强的自给自足能力。无论物质需求还是精神需求，无须借助外部即可满足。他们甚至自制兵器，组建部曲，防御措施十分完善。这俨然就是一个封闭独立的小王国。

这件绿釉陶水亭虽然只是东汉豪强地主们生活的一角，但真实反映了东汉末年的动荡不安和地主阶层的奢靡生活，让我们了解了东汉特有的部曲，也为了解东汉社会的政治、经济、文化提供了珍贵的实

河南省淅川县出土的东汉二层绿釉陶水榭，高45厘米，池径40厘米

物资料。东汉王朝的建立得益于豪强地主们的支持，而最终东汉王朝也在豪强地主们的武装割据下分崩离析，"兴于豪强，亡于豪强"，可悲可叹。

另外，这件东汉绿釉陶水亭也体现了东汉时期丧葬制度的变化。相比于秦朝与西汉的墓葬，东汉时期的陪葬品更加世俗化，出土的大多数是墓主人生前使用的庭、院、楼阁等明器。这件东汉绿釉陶水亭就是这一时期最为典型的陪葬品。而造成这一变化的主要原因，或许是东汉末年社会动荡，即便是豪强地主们也缺乏安全感，他们同样渴望和平，希望自己死后，能在另一个世界里拥有一个完全与世隔绝、安全而又富足的地方。

## 东汉豪强是如何诞生的

东汉豪强最初主要是指六国旧贵族后裔。《史记·商君列传》中有一句话言简意赅地诠释了他们当时的处境："宗室非有军功论，不得为属籍……有功者显荣，无功者虽富无所芬华。"也就是说，虽然军功地主强势崛起，从前的世卿世禄不复存在，这些贵族也都失去了从前的政治特权和显赫荣耀，但是有一点，他们有的是钱。

早在西汉年间，豪强的存在感并不强，他们大多数是以"富户"的形式存在。然而他们的日子并不好过，因为西汉朝廷为防止他们造反作乱，对其进行了监控与管理。于是，这些豪强便把精力用于"创建家园"，他们自家的庄园仿若一个独立的小王国。我们看到的东汉绿釉陶水亭仅仅呈现了庄园的一小部分。豪强地主甚至让依附在庄园内的农民在大片土地上修造水利灌溉系统。比如，有个叫樊宏的豪强，他的庄园里有"破渠灌注"，兴建了一个"樊氏陂"，东西十里，南北五里。在四川眉山、成都等地的东汉墓内也经常发现水田与池塘组合在一起的模型，几乎每个模型都有从池塘通往水田的灌溉系统，而北方还有水井灌溉系统。

到了西汉中后期，豪强的私兵武装也逐渐强大起来，可与朝廷抗衡，并且逐渐占据上风。再后来，随着豪强的崛起，刘秀的东汉王朝在豪强的支持下建立起来。从此，东汉豪强在政治上便有着举足轻重的地位。

到了现代，人们才开始戴眼镜？如果你认为是，那你就错了。其实我们的祖先早在汉代就发明了眼镜。1980年，东汉光武帝刘秀之子——广陵王刘荆的墓中出土了一枚放大镜。这是一件圆柱形金器——"嵌水晶金圈"，它的直径1.3厘米，重2.3克，中间是用纯度极高的水晶磨制的凸透镜，外面包裹着刻有浮雕花纹的金圈，造型小巧精美，工艺精湛。

使用它来看书，可使文字放大4—5倍。这件文物的出土，将眼镜发明的历史提前了1000多年，直接改写了世界眼镜史。关于眼镜的历史，下面选项中描述错误的一项是（　　）。

　　A. 明代科学巨人孙云球编制了一套"随目对镜"的验光方法

　　B. 距今3000多年前的商代甲骨文中，已经有了"疾目""目盲"等眼病的记载

　　C. 清代，眼镜还没有普及

| 东汉嵌水晶金圈手绘图

# 《熹平石经》残石：
## 命运多舛的官定儒家经本

　　诸葛亮曾经给后主刘禅上书过一篇著名的《出师表》，其中有一段话非常经典："亲贤臣，远小人，此先汉所以兴隆也；亲小人，远贤臣，此后汉所以倾颓也。先帝在时，每与臣论此事，未尝不叹息痛恨于桓、灵也。"最后半句中的"灵"指的就是汉灵帝刘宏。

　　说起这位皇帝，那可是臭名昭著。刘宏是一个出了名的贪财皇帝，他的奇葩事一箩筐。比如，突发奇想在宫里建造一条"商业街"，公开买官、卖官等。在江山风雨飘摇之际，他的荒唐行为使得天下叛乱不断。不过，这位史上槽点满满的汉灵帝，在位期间也干过一件正事，那就是下令刻印了《熹平石经》。

熹平残碑拓片，纵 63 厘米，
横 62 厘米

东汉伯兴妻残碑拓片（局
部），纵 86 厘米，横 32
厘米

## 在"党锢之祸"下诞生的刻经

东汉末年，汉灵帝在位期间皇权早已削弱，尤其是以梁冀为首的外戚势力被彻底摧毁后，宦官的气焰更加嚣张。可以说，汉灵帝在位执政的 20 多年，是宦官在汉代历史上统治时间最长的一个时期。这位汉灵帝对宦官的宠信达到了令人发指的地步，他曾突破常制一次性册封 12 位中常侍，史称"十常侍"。

除了宦官掌控朝政外，在汉灵帝执政期间，东汉发生了第二次"党锢之祸"。"党锢"就是禁止朋党参政的意思，听起来好像没什么问题，但实际上这是宦官专权的一种表现。

建宁二年（169 年），中常侍侯览的母亲去世，他大办丧事、兴修坟墓，对乡亲巧取豪夺，趁办丧事之机大肆敛财。山阳郡督邮张俭收到消息后，即刻给汉灵帝上奏并弹劾侯览。不想，这份奏章被侯览中途截获，他将计就计，指使张俭的一个

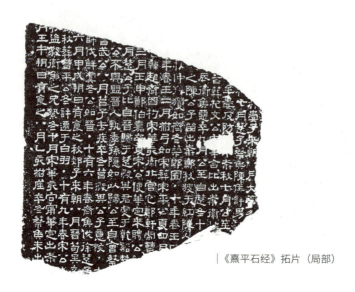

|《熹平石经》拓片（局部）

同乡诬告张俭伙同 24 位山阳名士意欲造反。汉灵帝看完奏章后勃然大怒，不分青红皂白就下令把张俭给抓了。宦官曹节又趁机借题发挥，说这些人危害社稷，最好在全国上下来一次清剿。于是，被流放、囚禁乃至处死的无辜牵连者就有六七百人。这场政治灾难造成了大量士人的逃亡，也加速了汉代的灭亡。

汉代历史上一共有两次"党锢之祸"，这让汉代的清流名士接连遭受排挤、打压乃至迫害，一时之间宦官权倾朝野。不过，时间长了，昏聩无能的汉灵帝也开始警觉了，他想在士人中寻找一股新势力，让这两股势力互相制衡。恰在此时，以蔡邕为代表的知识分子提议刻经，在太学建立官定儒家经本。汉灵帝对此事极为支持，很快就批准了蔡邕等人的上书。于是，《熹平石经》应运而生。《熹平石经》的出现，其实是对宦官专权的一种无声反抗。

## 石经成就的繁荣景象

这一浩大工程从熹平四年 (175 年) 开始，一直持续到光和六年 (183 年 ) 才全部完工。前后共历时 9 年，全部碑文一共约 20 万字，共有石碑 46 座。《熹平石经》刻了儒家七部经典著作：《周易》《尚书》《鲁诗》《仪礼》《春秋》《公羊传》《论语》。这个规模空前的文化工程在当时引起了极大的轰动，这也是汉灵帝在位期间所做的为数不多的一件正事。

《熹平石经》还真的不可小觑，它开了我国石经的先河，之后陆续出现了《三体石经》《开成石经》等，成为我国独有的碑刻书籍。

当时，全国各地的学子竞相前往观看，不过这些学子可不是来凑热

| 和林格尔汉墓出土的壁画《牧马图》，古人在石壁上留下的字画丰富多样

闹的，他们是为了捶制拓片作为范本，用来纠正书中的错误。别看捶拓这个小小的举动，它对印刷术的发明有着间接的影响，捶拓是雕版印刷术的先驱。

而《熹平石经》还有个更大的"彩蛋"——它是由书法家蔡邕主持书写的。另外，蔡邕还写出了中国书法史上的第一部书法理论著作《笔论》。著名书法家钟繇的书法老师就是蔡邕。所以，前来捶制拓片的学子们还有另外一个福利，即一睹蔡邕的笔法风采。

据史书记载，当时的洛阳城直接变成了"堵城"。每天都会有1000多辆马车停在《熹平石经》附近，史书上用了"填塞街陌"来形容当时拥堵的场面。不过，让学子们蜂拥而来，除了蔡邕的强大号召力外，还从侧面反映了士人对宦官专权的种种不满。

只是如此震撼的《熹平石经》，为何到了现代，就变成了一块石头？例如现藏于西安碑林博物馆的《熹平石经》

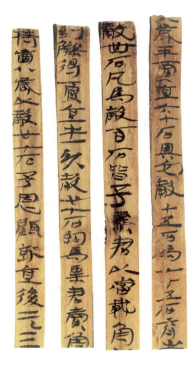

居延汉简（局部）。居延汉简不仅体现了汉代优美的书法，其内容涉及面很广，记录着汉代的历史文化

中的《周易》残石，斜方形残断面高 33 厘米，宽 56 厘米。见到如此"娇小"的它，我们恐怕很难想象出它曾经的模样。这中间到底发生了什么？

## 命运坎坷的一块残石

天有不测风云，石碑也有旦夕祸福。在《熹平石经》刻成后的第二年（184 年），东汉发生了战乱。190 年，董卓带兵烧毁了洛阳宫庙，太学荒废，《熹平石经》也遭受了破坏。到了 439 年，北魏太武帝拓跋焘统一北方，他先后派了两位刺史管理洛阳。当时的洛阳已经被毁得面目全非，这两位刺史特别推崇佛教，所以他们做了一个惊人的举动——敲掉部分《熹平石经》用来修筑佛塔。好在北魏初期《熹平石经》获得了一定的修补，但北魏存在的时间太短，很快又到了南北朝时期。北齐的高澄倒是很有眼光，他将《熹平石经》从洛阳迁到了邺城，但不想在半路上发生了意外，《熹平石经》有一大半掉进了河里。北周确立政权后，重修洛阳，又把《熹平石经》从邺城运回洛阳。隋代建立，定都长安，隋文帝杨坚下令将《熹平石经》从洛阳运到长安城，并将曾经辉煌无比的《熹平石经》用来作柱础。到了唐代贞观年间，魏征打算去拯救《熹平石经》，但这时剩下的，已经是不足十分之一的《熹平石经》了。

此后，《熹平石经》的一些碎石残片被陆续发现，它们就像一粒粒蒲公英的种子，随着历史的风儿，散落在各处。到了北宋嘉祐年间，洛

《熹平石经》（局部）。《熹平石经》的书法属于汉隶成熟期的隶书，字形平正，结体方整，字字中规，一丝不苟。用笔上强调以方笔为主，圆笔兼用。线条刚柔相济，端美雄健，雍容典雅

阳、长安再次出土了不少《熹平石经》残石。那时候，宋代正流行金石学，文人士大夫们都热爱著录金石，以此追慕三代古风，也就是我们现在的"古风怀旧"。据载，欧阳修、黄伯思、赵明诚、洪适、晁公武等两宋时期的金石学大家，都曾著录过《熹平石经》。宋代以后，于是有关《熹平石经》的著录就几乎不存在了。

到了1922年，消失了数百年的《熹平石经》的残碑又出现在了世人的眼前。一时间，这个消息震动了海内外，再次掀起了收集《熹平石经》残石的风潮。古董商们四处收购，但大多数《熹平石经》的残石还是散落于各地收藏家之手。新中国成立后，洛阳又有了两次较大的发现，于是《熹平石经》渐渐地汇聚在一起，得到了妥善保管。

如今，《熹平石经》总共被发掘和收集了8800多字，是现今留存最早的官定儒家经本石经。《熹平石经》的命运让人感慨，但历史的车轮不能倒转。期待饱经沧桑的《熹平石经》其他残石能够早点重见天日，等待着它们的重聚。

## 《熹平石经》曾遭质疑

《熹平石经》自刻制以来，虽然饱受颠沛流离之苦，支离破碎，但它始终坚守着对经典的传承。尤其在宋代，金石学兴起，文人、士大夫都爱好著录金石，以此追慕三代古风，发思古之幽情。

不过，在这个时候，李清照的丈夫赵明诚对《熹平石经》上的内容提出了质疑。他曾在《金石录》上写道："以世所传经书本校此遗字，其不同者已数百言，又篇第亦时有小异……"

赵明诚认为《熹平石经》上有多处错误与遗漏。当时的人们只顾着"追慕三代"，对于赵明诚的大胆质疑，并没有重视。直到清代，金石学再度兴起，并出现了一个叫乾嘉学派的学术流派，该学派的有识之士开始对《熹平石经》进行了辩伪考异。

他们不断地搜罗出当时所能见到的残石，反复传拓，编印书籍进行著录，由此《熹平石经》有了"周边"，如《汉石经集存》《汉熹平石经残字集录》等。

再后来，随着西方科学的引入，学者们开始用文献学的方法对《熹平石经》进行科学研究。学者们将石经内容与传世文献对比后发现，二者文字上存在差异。原来是因为先秦时期，一些经典是以简牍为传播媒介的，当简牍一旦散乱，那么内容就会"张冠李戴"。尽管很多汉代儒家学者也发现了石碑上的错误，只不过他们各承师法，恪守章句，不敢有任何改动，从而导致文中的错误遗留了千年。

　　西王母摇钱树是东汉时期的一件青铜陶座，因其精湛的铸造艺术、华丽的外观造型而举世闻名。整棵树没有任何残缺，极为精美，由陶质树座和青铜树身两部分铸造而成。树座下部云气缭绕，神仙瑞兽伏卧其上，底座顶端中心处有一圆空，上面的主干由四节短杆组成，每节短杆都留有对称插槽，以便用来插树条、叶片等；主干顶端以西王母为中心，上面站着一只欲展翅飞翔的凤凰。

　　从整体看，摇钱树花鸟形镂空配饰数量极多，图案花纹样式也非常丰富，另有灵猴、仙人、神兽、方孔圆钱穿插期间，让整棵摇钱树看起来造型独特，铸造精美，极富艺术感染力。从细节看，摇钱树上面的所有配饰均为镂空工艺，精细如针眼，工艺难度极大。因为汉代修仙问道盛

行，摇钱树的出现，既体现了古人对金钱崇拜的一种认知，也表达了他们以此达到羽化成仙、永葆富贵的一种愿望。

西王母曾经在《山海经》中有过记录，《山海经》是我国最古老的奇书之一，你知道它主要由哪两部分组成吗？

西王母摇钱树局部手绘图

### 第一章 科技的力量

**第11页：B**

A. 龟符

B. 错金银铜虎噬鹿屏座。它是战国中晚期青铜作品，再现了虎噬鹿的生动场面，造型栩栩如生

本题中的两件器物都是动物造型，区别在于兵符一定是左右两半。清楚这一点，做这道题就非常容易了。

**第20页：浑天说**

**第31页：B**

A. 鸟柱铜盆。它是用来盛水的器皿，器皿中心有一乌龟，龟背上竖有一根圆柱，柱顶站立着一只可转动的飞鸟

B. 红绿釉陶灯。它是以金乌、兔、蟾蜍为原型创作的灯具，设计巧妙，意趣盎然

**第40页：A**

A. 皿方罍。皿方罍被誉为"外形与内涵"兼具的"神品"，堪称"方罍之王"

B. 鎏金舞马衔杯纹银壶。它是模仿我国北方游牧民族使用的皮囊壶制造而成，工艺精湛，舞马形象鲜活生动

**第52页：略**

**第63页：D**

A. 宋哥窑双耳三足炉

B. 唐四足提链铜香熏

C. 元影青印花带座双耳炉

D. 西周"利"青铜簋

西周"利"青铜簋是迄今所知最早的西周青铜器，器内底部记录了武王伐纣这一重大历史事件。

**第73页：B**

A. 西汉玉仙人奔马

B. 玉舞人

### 第二章 非凡的智慧

**第85页：B**

A. 古代的一种青铜灯

B. 一枚铜钩，需要倒过来使用

第95页："黄"指质地为黄金，"六"为序数

第105页：A

A. 笙　　B. 玉磬

C. 青铜鼓　D. 钲

四种乐器中只有笙是古老的吹奏乐器，其他的都属于打击乐器。

第114页：程大位

第124页：C

A. 唐三彩女立俑

B. 秦跪射俑

C. 西汉博戏俑

## 第三章　未"说"出的秘密

第137页：石洛侯印

第149页：A

A. 吴王夫差盉

B. 六朝青瓷碗

第158页：B

A. 西周时期马车上的配件，被戏称为"差速器"。一直以来关于它的争议颇多，真假未知

B. 汉代的铜烤炉。汉代人酷爱烤肉烧烤之类的美食，鸿门宴这么重要的场合自然少不了它

第170页：B

## 第四章　再现了一段历史

第183页：B

A. 战国青铜鸟形尊。其造型独特，鱼嘴、鹰喙鼻、兽耳、凤冠、鸽身、鸭脚，可谓装饰精美

B. 汉代彩绘载壶陶鸠。它是汉代陶塑之珍品，具有很高的历史价值和艺术价值

第193页：鬼脸钱

第202页：C

第213页：《山经》和《海经》